MAGNÉTISME
ET
MAGNÉTOTHÉRAPIE

PARIS. — IMPRIMERIE BONAVENTURE ET DUCESSOIS,
55, quai des Augustins.

MAGNÉTISME

ET

MAGNÉTOTHÉRAPIE

PAR

LE COMTE DE SZAPARY

Magnétiseur et Magnétopathe

PARIS

CHEZ L'AUTEUR, RUE NEUVE-DU-LUXEMBOURG, 16.

1853

AU LECTEUR

>>> — ◇ — <<<

Cet ouvrage ne doit entrer en lice qu'en 1855. Il est destiné à concourir pour le prix de sciences morales qui doit être décerné au meilleur travail sur le magnétisme.

Pourquoi donc le publier aujourd'hui, au risque de voir nos adversaires dans la lutte, y puiser et s'en servir ? C'est qu'avant tout et au plus tôt, nous voulons le bien de l'humanité, et pour ce, faire connaître les *nouveaux* principes de magnétisme vital que nous professons et notre mode *rationnel* d'application, si différent de celui de nos devanciers.

Au reste, aucune idée de lucre ne nous a tenté dans tout ceci ; et la preuve, c'est que nous déclarons hautement, dans ces pages, que si l'Académie juge notre œuvre digne du prix qu'elle doit donner en 1855, nous consacrons la somme tout entière aux frais d'établissement d'une Clinique publique de magnétisme vital.

Fort de cette déclaration et puisant notre conviction dans notre conscience elle-même, nous ajouterons (et cela sans crainte aucune qu'on nous accuse de présomption et d'amour-propre), qu'à l'heure qu'il est, le magnétisme ne peut être désormais abordé qu'au *point de vue des principes que nous allons poser dans cet ouvrage*, principes qui sont le fruit de vingt-cinq ans de travaux. Il n'est qu'une route pour arriver à ce temple de la sagesse. Prendre à droite ou à gauche, c'est vouloir tomber lourdement. Et c'est pour éviter ces écarts, ces chutes, toujours si funestes à la science, que nous offrons aujourd'hui et en toute simplicité, aux hommes de cœur et d'avenir, l'appui de notre labeur et de notre expérience.

Mais avant d'aller plus loin, je dois prévenir le lecteur que s'il cherche dans mon livre une œuvre de littérature ou un style de roman, il sera complétement déçu. Étranger et ne connaissant qu'imparfaitement la langue française, j'ai dû m'attacher avant tout, pour empêcher l'erreur de se glisser, à ne laisser imprimer une phrase qu'autant que mon esprit l'avait bien comprise, et pour arriver à ce but il me fallait un style simple, facile, en rapport avec le peu de science que j'ai de la langue française. C'est donc le fond qu'il faut examiner et non point la forme. Quant à celle-ci on m'excusera. Mais répondant de ma méthode devant le public, je devais avant tout être sûr de ce que j'avance et bien connaître le terrain sur lequel j'allais avoir à livrer la bataille.

Je sais que ma théorie de la circulation du magnétisme dans les nerfs de l'homme soulèvera une opposition aussi générale, de la part du corps savant de la médecine, que le fit jadis la découverte de la circulation du sang par Harvey. Mais cette crainte ne saurait m'arrêter. Quand les temps sont arrivés où une vérité doit naître au monde, peu importent les basses criailleries ou la clameur la plus puissante : la vérité se fait jour !

D'ailleurs ce n'est pas aux médecins que je m'adresse. C'est pour les magnétiseurs que j'écris. Car comment pourrais-je m'entendre avec la science quand, par exemple, elle appelle incurables certaines maladies que je guéris toujours et si rationnellement au point de vue de ma physiologie ?...

Si une réponse était faite à ce livre, je ne l'attends que d'un magnétiseur.

AVANT-PROPOS

LE MAGNÉTISME ET LES MAGNÉTISEURS.

Aperçu critique du mode d'application du Magnétisme Vital en France, par un Magnétopathe étranger.

La précieuse découverte de l'immortel Mesmer *avait pour but* la production des crises nerveuses; et par cet état spasmodique, devenant critique, résolutif, Mesmer parvint à démontrer la noble destinée du magnétisme vital : le soulagement de l'humanité souffrante par les surprenantes guérisons des maladies, des affections rebelles, incurables, qu'il sut opérer.

Puis vinrent MM. de Puységur et autres, qui, croyant étendre le champ du magnétisme par leurs observations des phénomènes vraiment merveilleux du somnambulisme, n'ont fait que le détourner de son but élevé : *l'application thérapeutique*.

Actuellement, quant au magnétisme, à son application en France et notamment dans la capitale, si sa situation a changé, ce n'est que par la forme; car au fond, on en est encore au temps des Puységur et consorts. On magnétise par les passes, n'importe quel sujet, même bien portant, au risque de le rendre malade; et cela, afin d'avoir la satisfaction de le mettre en état somnambulique, car c'est là tout ce qu'on se propose.

Si parfois l'on arrive aux merveilleux résultats du somnambulisme et de la clairvoyance, au lieu de savoir tirer un immense parti, pour le bien de l'humanité, de cet état sublime de l'âme qui dévoile les secrets les plus précieux pour notre bien-être, on en fait un instrument de commérages, une machine à consultations magnétiques, dont l'infaillibilité peut bien être, et à juste titre, hautement niée, comme nous le prouverons en temps et lieu. En un mot, le magnétisme vital, tel qu'il se pratique en France, n'est qu'une pratique physico-magique, une branche d'industrie, une représentation à bénéfice; mais de but scientifique, point; pas de résultat thérapeutique. Nous demandons donc à tout penseur rationnel, à tout homme de science, s'il n'est point indigne du magnétisme, de cette immortelle découverte, de la dégrader, de l'avilir, au point d'en faire une exploitation de charlatan.

Après avoir dépeint avec des couleurs quelque peu vives mais vraies l'état du magnétisme vital en France, nous osons espérer néanmoins que le public, pas plus que les hommes de métier (les magnétiseurs), ne nous en saura mauvais gré, et ne taxera pas de passion envieuse, de basse jalousie, la franchise d'un étranger qui depuis trente ans a sacrifié son temps, sa fortune et tous ses moyens intellectuels à l'étude, à la propagation du magnétisme vital et à ses progrès. Se trouvant à Paris momentanément, il a entendu tout ce qui concerne cette science; il connaît l'état de stagnation où elle est, la fausse application, le métier dégradant qu'on cesse d'en faire; et il a cru que c'était un *devoir sacré* d'exprimer ici son opinion, de montrer cette science sublime digne du triomphe que lui préparent les générations futures; de la réhabiliter dans l'esprit du siècle; et d'appliquer enfin le magnétisme vital au bien-être du genre humain, en l'employant comme agent thérapeutique dans les affections les plus graves et les plus rebelles.

MAGNÉTOTHÉRAPIE

→»—◇—«←

Notre Méthode curative par l'application du Magnétisme Vital.

Avant de donner ici un exposé *succinct* de notre méthode thérapeutique, nous croyons devoir prévenir le lecteur que nous n'appliquons jamais le magnétisme vital sur les personnes bien portantes, ce qui n'est qu'un *jeu puéril* et parfois même *dangereux* par l'irritation qu'il produit sur le système nerveux.

Quand un malade réclame nos soins, nous cherchons avant tout *à le mettre en état magnétique* par des paroles simples et affectueuses (*magnétisme du langage*); nous ne faisons que *très-rarement* d'abord usage des *passes*. — Notre but en général est de provoquer une réaction sur le système nerveux, réaction qui détermine des spasmes, des crises nerveuses; celles-ci étudiées, scrutées minutieusement dans leur caractère, leur valeur,

leur durée, leur intensité et leur siége, nous mettent à même, en nous reposant sur cette séméiotique et cette nosologie magnétiques, de procéder à un diagnostic rationnel, éclairé que nous sommes par la *thérapeutique magnétique*. Alors ou nous provoquons ces crises en les dirigeant, modifiant et circonscrivant dans l'organe affecté, ou nous en généralisons les effets, et l'affection devient générale.

En finissant cet avant-propos, nous osons émettre ici un vœu dont, nous l'espérons, on ne pourra suspecter la sincérité ni le désintéressement; car étranger, momentanément à Paris, nous n'avons aucun but personnel, aucune arrière-pensée. Nous déclarons donc, dans l'intérêt du progrès de la science du magnétisme vital, dans l'intérêt de l'humanité souffrante, qu'il est temps d'ouvrir une large voie au magnétisme et de lui laisser occuper la place éminente qui lui est due dans la thérapeutique qu'enseigne la Faculté, si celle-ci ne veut pas risquer un jour d'être remplacée par lui sur son trône doctoral.

Il y a dix ans que nos cliniques magnétiques librement professées en Allemagne et en Hongrie, devant un auditoire aussi nombreux qu'avide, obtiennent chaque jour des résultats thérapeutiques surprenants, soit par moi, soit par mes élèves, dans des cas morbides réputés incurables dans nos facultés : principalement dans les affections chroniques, dans les maladies du système nerveux, les névralgies, les névroses, etc., etc. Il serait digne de la France, qui toujours marche la première, et de son gouvernement au cœur noble et aux vues si humanitaires, d'établir une clinique publique de magnétisme vital pour le traitement des maladies chroniques et des affections nerveuses. Qu'on le fasse, et nous sommes convaincu d'avance que la question de l'efficacité thérapeutique du magnétisme vital sera bientôt résolue pour le bien de l'humanité.

Première Partie.

MANUEL

DE LA

MAGNÉTOTHÉRAPIE

INSTRUCTION

SUR

L'ART DE GUÉRIR PAR LE MAGNÉTISME

(MAGNÉTOTHÉRAPIE)

SELON L'ÉCOLE MODERNE

par demandes et par réponses

D'APRÈS LA DOCTRINE

DU COMTE FRANÇOIS DE SZAPARY

PAR

UN DE SES AUDITEURS.

Traduite de l'allemand,
augmentée et corrigée par l'Auteur lui-même.

INTRODUCTION

Il n'est personne aujourd'hui qui, ayant quelque prétention aux connaissances scientifiques et psychologiques, oserait combattre impunément les phénomènes du magnétisme et du somnambulisme; car ces sciences, quelque ignorées qu'elles puissent être par les masses, ne sont pas moins connues des naturalistes que ne l'est l'existence de l'électricité, du galvanisme et du magnétisme minéral.

Je ne m'attacherai donc point à ceux qui n'ont pas eu l'occasion de se convaincre de l'existence de cette immense force naturelle et de ses effets, ou qui dans leur cours de physique n'auraient point entendu traiter scientifiquement ces matières concurremment avec les trois forces que j'ai nommées plus haut. Je n'écris que pour les physiologistes et les magnétiseurs, pour les médecins, leur offrant un moyen sûr d'explorer et de raisonner les phénomènes journaliers que présentent le sommeil, la veille, les crises du rire et des pleurs, les spasmes des coliques et des vomissements, et tant d'autres symptômes hystériques. Je leur offre le magnétisme, afin que dans ces sensations comme dans toutes les maladies nerveuses et douleurs de tout genre, ils reconnaissent la toute-puissance du fluide magnétique, de cet agent qui leur a été inconnu jusqu'à ce jour, et pour qu'ils l'appliquent, au lieu de rire du magnétisme et de laisser souffrir et mourir leurs malades. J'écris aussi pour les théologiens, les psychologues et les philosophes : qu'ils approfondissent les idées que je leur donne en cet ouvrage, et ils pourront rendre plus compréhensibles les dogmes sur l'immortalité de l'âme, la résurrection avec le même corps, la vie future, et la conduite à tenir ici-bas.

L'examen des phénomènes magnétiques, mes observations continuelles, une pratique prudente, des conversations critiques avec des physiologistes et des somnambules sur le magnétisme-animal, m'ont conduit aux principes ci-indiqués, et je les transmets aux philosophes et aux physiologistes pour qu'ils les approuvent, ou, s'il y a lieu, les redressent, les modifient, les augmentent ou les améliorent d'après leur propre expérience.

De cette manière, au moins, ou la philosophie et la physiologie actuelles seront *plus claires* pour l'homme, ou il en résultera une théodicée nouvelle plus approfondie et une psychologie médicale plus élevée, qui mettra fin aux éternelles discussions philosophiques et médicales.

L'homme, en dernière analyse, est une machine tellement compliquée, que ce n'est guère que la nature elle-même qui, par son influence intérieure, la peut entretenir et réparer.

En effet, malgré toutes nos recherches physiologiques et anatomiques, nous ne connaissons d'une manière suffisante ses organes que lorsqu'ils sont déjà formés, y compris les parties les plus délicates que perçoit notre œil armé; mais nous sommes bien loin encore d'avoir pu approfondir le mécanisme de leurs opérations et surtout *cette force motrice* que le magnétisme seul peut diriger et soumettre.

Grande devait donc être l'attention que cette branche scientifique réclamait de la part de tous ceux qui ont à cœur le bien-être de l'espèce humaine. Mais malheureusement cet art si noble a eu, comme tant d'autres, le triste sort d'être avili jusqu'à devenir le trafic des charlatans et des ignorants. Ils ont la persévérance qui ne devrait jamais appartenir qu'à l'homme juste. Et cependant on peut dire d'eux aussi :

Impavidum ferient ruinæ !

C'est donc des débris de cette ruine scientifique, c'est au moyen des faibles éléments de cet art *déchu* que nous avons recueillis çà et là, qu'il nous faut entreprendre la reconstruction du temple de la sagesse, fermement résolu de faire sortir de cette science les meilleurs résultats possibles pour le bonheur de l'humanité souffrante, c'est-à-dire, en *démontrant* l'application *toujours salutaire* du magnétisme pour la guérison des maladies chroniques, une des pierres d'achoppement de la médecine, et que, depuis des siècles, toutes les facultés se sont reconnues impuissantes à guérir.

Oui, il est impossible d'admettre que dans les âges passés, à cette époque antique et majestueuse des Grecs ou des Romains primitifs, par exemple, l'humanité ait été comme ensevelie sous ce déluge de maladies qui de nos jours a envahi l'espèce humaine et dont nous sommes redevables aussi à notre régime de vie malheureusement si compliqué et si raffiné. Accusons aussi les médecins et leurs systèmes erronés; c'est à eux, *oui telle est ma profonde conviction*, c'est à eux que nous devons cette foule de maladies chroniques, telles que : scrofules, goutte, phthisie, toutes les discrases, l'anémie, la cachexie et l'épilepsie... Et j'ai le droit de les en accuser, car l'Allemagne peut leur dire le nombre de tous ces pauvres malades qu'ils avaient abandonnés et que j'ai sauvés; de tous ces cadavres qu'ils avaient faits et que j'ai ranimés!... Et cela, grâce à ma doctrine dont le but est de *raviver* et de *guider rationnellement* la force morale du sujet languissant, de *renouveler* tout l'organisme par l'influence d'une crise salutaire. Car selon nous et je l'ai déjà dit, la machine humaine possède en elle-même les éléments de réparation, comme cela se voit tous les jours par la guérison de tel ou tel membre amputé ou fracturé. Mais cela est visible surtout en magnétisme, où la guérison des organes affectés s'opère par les différents spasmes (gymnastique des nerfs), bâillements, toux, frissons, etc., etc., spasmes qui sont ordinairement suivis de léthargie et d'une somnolence toujours magnétique, ainsi que cela sera clairement expliqué dans la théorie de la magnétothérapie, ou art de magnétiser selon l'école moderne que j'ai créée.

AVERTISSEMENT

>>> — ◇ — <<<

Le docteur Mesmer fut le premier qui reconnut la toute-puissance du magnétisme chez l'homme, et qui enseigna l'emploi de cet agent, à la fois comme moyen producteur de crises magnétiques (spasmes) et comme force curative. Après lui et dans ces mêmes crises, le marquis de Puységur découvrit le somnambulisme. Il le recommanda à son tour comme unique remède.

Les magnétiseurs d'aujourd'hui, suivant la trace de ce dernier, n'emploient guère comme action curative que le *sommeil magnétique* seul, sans se préoccuper des symptômes spasmodiques, ni de l'explication des phénomènes du somnambulisme.

J'ai découvert le moyen d'amener mes somnambules à *expliquer* la nature et l'utilité des spasmes, j'ai trouvé le secret de diriger leurs facultés uniquement *vers la guérison* EXCLUSIVE *par le magnétisme*. De là est résultée une physiologie des spasmes et par suite une nouvelle physiologie et psychologie de l'homme, ainsi qu'une explication rationnelle de tous les phénomènes de la magie et du magnétisme. Le champ de l'ancienne physiologie se trouve donc de beaucoup élargi et enrichi surtout de ce principe, à savoir : que l'homme y est représenté comme *une batterie électro-magnétique* où le cerveau occupe la place du réservoir de l'appareil et dont les nerfs sont les fils télégraphiques.

Toute maladie n'est, d'après nous, qu'un dérangement de l'appareil, et ne peut être connue et guérie qu'autant qu'on examine scrupuleusement et qu'ensuite on répare l'appareil magnétique du malade.

Le mesmérisme, comme le magnétisme ancien, se tait sur cet appareil électro-magnétique. Ils n'entrent pas du tout dans l'explication des phénomènes spasmodiques spéciaux qui se produisent par l'emploi du magnétisme comme agent *curatif*. Cependant, depuis des années, mes élèves et moi, nous ne guérissons que d'après ces explications; et l'ensemble des symptômes morbides et des phénomènes qui accompagnent les guérisons s'explique facilement, rationnellement, et seulement par mon système; de même aussi tous les phénomènes mystiques et magiques que l'on trouve dans les ouvrages de Mesmer, de Swedenborg, de

Kerner, etc., et dans toute l'antiquité et jusqu'à ce jour, trouvent uniquement dans mon système une explication simple, facile et naturelle.

Ces résultats qui sont les fruits de mes travaux m'autorisent donc à considérer ma doctrine comme une doctrine magnétique *supérieure* et comme une méthode *sûre* et *véritable* de guérison magnétique, puisque les travaux de mes devanciers se réduisent à des *essais* plus ou moins heureux de guérison ou à des *expériences* tendant à démontrer l'existence du magnétisme.

Quant à moi, depuis un grand nombre d'années, je ne fais plus d'essais et je n'emploie le magnétisme qu'à coup sûr et pour agir thérapeutiquement. Je suis parvenu à *me rendre compte de chaque action, de chaque mouvement et même de chaque parole que j'applique,* en ce qu'ils ont de physiologique et de psychologique. Or ce but je l'ai atteint par la connaissance exacte de l'appareil de l'homme et de ses fonctions, et en observant attentivement les effets du phono-magnétisme.[1] Je puis donc avec raison dire de ma méthode magnétique qu'elle réalise un progrès sur celles qui l'ont précédée. J'ai donc le droit de dire que j'ai fondé une

---

[1] Phono-magnétisme, en allemand : Sprachmagnetismus. L'auteur entend par ce mot l'ensemble des phénomènes que produisent la parole et les sons articulés en certaines organisations. C'est proprement dit : *le Magnétisme de la parole* (parler).

science magnétologique nouvelle. Car, tout en guérissant par des crises spasmodiques, ainsi que le fit l'immortel Mesmer, je ne me suis point borné comme lui à l'emploi simple de cet agent, mais de plus je l'ai approfondi, je l'ai expliqué, et c'est cette science que j'appelle MAGNÉTOTHÉRAPIE, par opposition à l'allopathie et à l'homœopathie. Ici je ne prétends pas porter un jugement sur ces deux systèmes, et je conseille à mes adversaires d'avoir la même réserve et de ne critiquer ma doctrine qu'après l'avoir consciencieusement étudiée et mise en pratique. Mais je dois affirmer qu'il m'a été amené chaque jour des malades de toute espèce pour la guérison desquels ces deux rivales avaient inutilement épuisé toute leur science; que, parmi ces malades, il y en avait même de complétement abandonnés par elles et que j'ai eu le bonheur de guérir; mais, non, je me trompe, c'est le magnétisme qui les a guéris, radicalement guéris !

Quant aux *magnétiseurs*, qu'ils continuent, s'ils le veulent, à se soumettre aux allopathes comme le font les chirurgiens; mais les *magnétopathes* pas plus que les homœopathes ne peuvent agir ainsi. Car eux seuls savent que l'allopathe ne peut comprendre et ne comprendra jamais les maladies. La magnétothérapie est donc la partie *intégrante*, *première* de l'art de guérir; l'allopathie et l'homœopathie ne sont que des moyens secondaires bons à adjoindre au traitement magnéto-thérapeutique. Or, leurs principes ou moyens d'action se réduiront alors, pour l'allopathie, à un *principe alimentaire correctif*, et pour l'homœopathie, à un *principe destiné à maintenir l'accord*. Mais retenons-le bien, *il n'y a point de guérison sans magnétisme*.— C'est ce que démontre jusqu'à l'évidence la magnéto-thérapie, sa physiologie et sa psychologie.

L'AUTEUR.

MANUEL

DE LA

MAGNÉTOTHÉRAPIE

> Point de guérison sans Magnétisme.
> (AXIÔME.)
>
> Le plus grand obstacle que rencontre le Magnétisme est : *de trouver des hommes qui* VAILLENT *pour le Magnétisme.*
> (AXIÔME.) Sz.
>
> *Munda* me *ab iniquitate meâ,* et à *peccatis meis munda me,* Deus, ut puro et sincero *corde* ad te venire VALEAM.
> PRIÈRE MAGNÉTIQUE.

>>>— ◇ —<<<

MAGNÉTOTHÉRAPIE

I. Qu'est-ce que la magnétothérapie ?

C'est l'art de guérir *uniquement* par le magnétisme.

II. En quoi diffère cette science du magnétisme de l'école ancienne ?

Elle en diffère *beaucoup* :

1° Par une explication pleinement satisfaisante

qu'elle donne des phénomènes, des actions et des effets magnétiques ;

2° Par l'étendue de la thérapie magnétique et de la *psychopathie* (thérapeutique de l'âme *par la parole magnétique*) ;

3° Par l'état de spiritualité à laquelle cette science a été élevée; car en magnétisant, on n'agit pas, selon nous, *par l'évaporation et par l'infiltration* d'un fluide magnétique, mais on parle *mentalement* à l'âme, on s'entretient *spirituellement* avec l'esprit du malade, afin de produire des crises salutaires et de le guérir ainsi par *lui-même* ;

4° On n'attend pas, selon nos principes, les crises et la guérison comme conséquence du somnambulisme ou des prescriptions données dans cet état, mais bien seulement comme suite nécessaire des *spasmes*, c'est-à-dire de l'irritation des nerfs de l'organe affecté, et l'on provoque l'expulsion de la maladie par cette irritation spasmodique ;

5° Notre méthode diffère enfin du magnétisme ancien, par l'emploi très-restreint qu'elle fait des passes magnétiques. Nous provoquons l'irritation nerveuse presque toujours uniquement par le rapport social *combiné* et par la parole *raisonnée*.

III. Quelle est la principale règle à observer par le magnétopathe ?

C'est avant tout de *se conserver lui-même* physiquement et psychiquement.

IV. Qu'entend-on par *se conserver physiquement et psychiquement ?*

J'entends par là être propre, sobre, tranquille et honnête ; faire de la magnétothérapie l'objet d'une étude approfondie ; avoir la bonne volonté, un cœur compatissant et *croire d'une manière* INÉBRANLABLE. — Sinon, on ne fait qu'un magnétisme de poche. Charlatanisme d'argent !... Et l'on échoue quoique la science soit *vraie, pure, noble* et SALUTAIRE !... — Les exemples abondent.

I

THÉORIE DE LA MAGNÉTOTHÉRAPIE.

CHAPITRE I.

DU MAGNÉTISME EN GÉNÉRAL.

§ 1er.—Aperçu principal du Magnétisme.

1. Que signifie *magnétisme* dans le sens le plus étendu ?

D'après Képler et Paracelsus, *magnétisme*, dans l'acception du mot la plus grande, signifie : *force fondamentale*, qui soutient tout l'univers et qui produit tous les phénomènes de la nature.

2. Que signifie *magnétisme* dans un sens plus restreint ?

D'après Mesmer, *magnétisme* à ce point de vue signifie : la relation réciproque qui s'effectue continuellement entre tous les êtres et particulièrement entre les hommes.

3. Que signifie *magnétisme* d'après *l'école moderne* et dans le sens du mot le plus strict ?

Magnétisme signifie dans ce cas cette *abondante circulation éthérique* s'opérant dans les tubes nerveux, et qui fait faire aux muscles et au sang le mouvement continuel que nous savons. C'est ainsi que l'homme, maître de sa volonté, fait, par le concours de ce fluide éthérique, mouvoir son corps.

4. Quelle est la profession de foi du magnétopathe ?

Elle est renfermée dans ces quelques mots : « Je « *crois* que le magnétisme est cette substance éthé-« rée du corps qui circule dans les nerfs de l'homme, « qui est le médiateur entre ce corps et l'esprit, c'est-« à-dire le soutien, le lien de la volonté et des sensa-« tions entre l'esprit et le corps. »

5. Quelle est la principale fonction du magnétisme dans l'homme ?

C'est d'unir l'esprit avec le corps, de les faire communiquer ensemble, au moyen des nerfs.

6. Qu'est-ce que le magnétisme vital ?

Le magnétisme vital est *l'effet de la volonté intelligente d'autrui* sur la force vitale d'un autre. *L'influence* réfléchie s'appelle : *magnétisation*. C'est l'action par laquelle un homme, avec cette *unique* force (*sa volonté*), *détermine une soumission, un changement* dans les organes d'un autre homme.

7. Qu'est-ce qui détermine le magnétisme ?

L'union de l'activité spirituelle et matérielle.

8. Quelle est l'action du magnétisme sur l'homme ?

Chez l'homme, le magnétisme modifie et dirige les fonctions de l'esprit et celles du corps.

9. Comment le magnétisme produit-il ces phénomènes ?

Ces phénomènes ont lieu lorsque le courant magnétique provoqué, augmenté chez un sujet, circule dans les nerfs *passifs* de celui-ci *croyant et soumis*, selon la volonté de l'esprit *actif* et plus puissant du magnétiseur.

10. Quelle est la source de ces phénomènes magnétiques ?

Si l'on recherche la cause des phénomènes magnétiques, on trouve que c'est *uniquement* le *principe conservateur* de la vie qui produit tous ces phénomènes.

11. De quoi dépend l'activité spirituelle ?

Uniquement du magnétisme éveillé chez le malade par la volonté du magnétiseur.

§ 2ᵉ. — Santé, Maladie, Guérison envisagées dans leur généralité.

12. Qu'est-ce qui détermine la santé en général ?

Au point de vue spirituel et corporel, on peut dire que la machine humaine reste entièrement dans les dispositions qui lui sont naturelles, si l'âme se conforme à la conviction dans laquelle se trouve l'esprit.

13. Quelles sont les causes principales des désordres magnétiques ?

Le tempérament et la nourriture spirituelle et

corporelle sont les causes principales du trouble dans notre courant magnétique.

14. Qu'arrive-t-il lorsque le courant magnétique ne circule pas en nous conformément au vœu de nature ?

Un désordre.

15. Qu'en résulte-t-il alors ?

Ou des spasmes ou des inflammations.

16. Quelles sont les conséquences du manque de magnétisme ?

Le défaut de magnétisme produit alors des faiblesses dans les nerfs, des apoplexies totales ou partielles.

17. Quel effet produit le magnétisme appliqué dans les maladies ?

Il produit, dans les nerfs, le rétablissement régulier de la circulation magnétique même la plus désordonnée.

18. Quel est le mécanisme de la guérison par le magnétisme ?

Le magnétisme guérit lorsque le courant magnétique est dirigé vers la partie souffrante, attiré, guidé même plus ou moins par celle-ci. Puis, selon que la maladie l'exige, le courant s'établit dans le corps conformément aux besoins de la nature, s'y divise régulièrement ; en un mot, il s'y égalise, s'accumule à tel endroit, ou se répartit inégalement.

19. Comment guérit le magnétisme ?

Tantôt par le jeu des nerfs (spasmes, crampes), tantôt par une activité plus grande du sang dans la partie souffrante (inflammation).

20. Que doit-on admettre ici en principe ?

Que le magnétisme *met en activité tous les organes* jusqu'à ce que le corps ne soit plus du tout affecté, c'est-à-dire jusqu'à ce que la nature ait rejeté loin de ce corps la matière maladive qu'il contenait et qui le troublait.

21. Comment en agissant seulement sur les nerfs le magnétisme peut-il influer efficacement sur toutes les maladies ?

Des médecins prétendent bien guérir toutes les affections en général en agissant *uniquement* sur l'estomac; d'autres, en s'attaquant au sang.

22. Comment pourtant expliquer cette guérison générale par le magnétisme agissant sur les nerfs?

C'est que, selon nous, la cause de toutes les maladies repose dans l'interruption de l'activité normale des nerfs, c'est-à-dire, des différents nerfs.

23. Comment expliquer la guérison par le magnétisme ?

La guérison est due à un *déplacement* de la force vitale.

24. Quels sont les différents états du magnétisme chez l'homme ?

Le magnétisme *n'existe pas dans* l'homme mort ; il est réparé par la nature pendant le sommeil, et chaque homme le consomme à son réveil ; il est *inégalement distribué* dans l'homme malade ; il se trouve *irrégulièrement accumulé* dans l'homme spasmodique ; par exemple, chez l'homme évanoui, on le trouve *démesurément amassé* au cerveau ; il s'est *retiré* dans les maladies de l'esprit ainsi que dans l'état de sommeil ; dans la goutte, il est *remplacé* par un amas d'électricité ; il est en *équilibre* chez l'homme sain.

CHAPITRE II.

DU MAGNÉTISME EN GÉNÉRAL (SUITE).

25. Comment agit le magnétiseur en magnétisant ?

Il excite son propre magnétisme, et, par sa volonté, le conduit dans son regard, sa parole, dans ses extrémités digitales, pour porter *son* effet attractif, magnétique sur le magnétisme du malade.

26. Où la puissance magnétique du magnétiseur puise-t-elle sa principale force ?

Le magnétiseur trouve *sa force* dans la pensée du travail de la nature *active* concourant toujours à la conservation des êtres. Cette pieuse contemplation du magnétiseur produit l'effet de *son regard pénétrant* qui agit ensuite sur l'esprit et sur l'activité de l'âme du malade. — Quiconque *pense ainsi* est magnétiseur.

27. Chaque homme a-t-il une influence magnétique?

Tout homme produit continuellement un effet magnétique en sa personne et sur celle des autres, mais seulement *imparfait et sans le savoir;* le plus souvent *nuisible;* et, uniquement par hasard, *bienfaisant*.

28. Que résulte-t-il de cela?

Que le magnétiseur doit surtout se rappeler que chacune de ses *approches* et de ses *intentions* en s'approchant de son malade produira infailliblement un certain *changement* dans la sphère de la sensation de celui-ci, et de plus une *impression* quelconque sur sa partie intellectuelle, ce qui est très-important à observer.

29. Quelles sont les meilleures dispositions pour devenir un magnétiseur utile?

Celui qui est sain de corps, qui est robuste, possédant un esprit pur et une volonté ferme, devra généralement, *après avoir étudié*, agir le mieux et avec le plus de vigueur.

30. Quelles sont les conséquences des *passions dominant* le magnétiseur?

Les passions n'étant pas maîtrisées enveniment l'effet bienfaisant du magnétiseur de part et d'autre. L'effet désavantageux se reconnaît chez le malade à un regard troublé, remuant, inquiet et inquiétant pour le magnétiseur.

31. Comment s'explique l'effet du magnétisme comme conséquence de la volonté?

L'effet *positif* arrivant par la puissance des nerfs du cerveau et la force de la volonté agissant par animation, il résulte de là que l'homme bien portant, avec un système nerveux mieux organisé, a une volonté plus ferme et est capable d'influer d'autant mieux sur le magnétisme animal des malades et sur leur activité assoupie.

32. De quelle manière dirige-t-on le magnétisme sur le siége de la maladie?

En aimantant sa main par son propre vouloir et en la promenant par-dessus la partie malade (passes).

33. Comment chasse-t-on le mal par l'action purement spirituelle?

Lorsqu'on occupe tellement l'activité spirituelle du malade que, par cette tension, son esprit dirige sa force magnétique, corrige ainsi les défauts du courant en circulation et l'égalise par sa tranquillité elle-même. Ceci explique cette phrase vulgaire : « Oublier sa maladie. ».

34. Est-il toujours nécessaire que le magnétiseur et le magnétisé s'entendent verbalement pour produire un effet magnétique salutaire?

Non, car presque tous les malades ressentent

déjà assez d'eux-mêmes leur propre faiblesse magnétique (conséquence d'une concentration magnétique défectueuse). Ils se sentent alors par là même et sans qu'ils puissent s'en rendre compte, toujours attirés vers ceux dont la force est *exactement concentrée :* d'où résulte la sympathie.

35. Sur quoi reposent l'accord et le désaccord magnétiques qui se voient entre les hommes?

A leur insu, deux hommes ont conformément ou contrairement pensé, senti et agi dans leur vie passée; ou bien leurs nerfs sont dans un rapport exact ou inexact; c'est ce qu'on appelle : *harmonie* et *désharmonie,* sympathie et antipathie.

36. A quoi tiennent le penchant et l'éloignement magnétiques?

Le penchant, l'attraction ou l'éloignement, la répulsion entre les personnes, reposent sur les *rapports magnétiques* existant entre eux en égale ou inégale proportion. Cette différence provient de leur *spiritualité* et de leur *cordialité* qui ne sont pas les mêmes.

37. Chaque homme a-t-il une force magnétique égale?

Tout homme possède la force magnétique, mais à différents degrés, selon qu'il est bien portant, qu'il a une plus ferme volonté, et qu'il se connaît mieux aux maladies.

CHAPITRE III.

DE L'HOMME EN GÉNÉRAL CONSIDÉRÉ AU POINT DE VUE MAGNÉTIQUE.

§ Ier.

38. Comment peut-on classer magnétiquement les hommes?

1º En magnétiques; 2º en électriques; 3º en galvaniques. Dans le premier état, le magnétisme domine; dans le deuxième, c'est l'électricité; dans le troisième, les deux sont en juste proportion.

39. L'esprit de tout homme pense-t-il également?

Chez tous, l'esprit pense également, mais il ne peut pas toujours se manifester au dehors *par le corps:* de là proviennent les différentes facultés et capacités de l'homme. Ceci explique le développement spontané des facultés de tel enfant après une maladie magnétique.

40. D'où vient le plus ou moins de facilité qu'a l'homme de faire usage de son esprit dans ses facultés et ses capacités?

Cette facilité dépend simplement du plus ou moins grand courant magnétique qui circule dans les nerfs : c'est pour cela que l'exercice le développe toujours.

41. Ceux que nous tenons pour stupides le sont-ils réellement?

Non, ceux que nous regardons comme tels manquent uniquement de capacité pour bien s'exprimer, parce que le corps y met résistance, et que le magnétisme n'est pas habitué à circuler régulièrement dans ce corps.

42. L'esprit peut-il être augmenté?

Non; mais le corps étant de plus en plus perfectionné et soumis par chaque exercice spirituel, laisse l'esprit, par la répétition fréquente, apparaître aussi de plus en plus. — On nomme cela : *élévation de l'esprit.*

43. Dans le sommeil, l'esprit est-il en activité?

Le rêve et la continuation du jeu de la machine humaine le démontrent.

44. Qu'est-ce que le rêve?

Le rêve est une occupation de l'âme en elle-même pour *réparer* et *préserver* le corps.

45. Quelle est la différence entre veiller et dormir?

Les révélations extérieures de la vie sont autres dans le sommeil que dans la veille. Dans le premier état, la polarité change de place, et pendant que les sens de l'extérieur se reposent, ceux de l'intérieur se réveillent. De ce changement de repos et d'activité viennent pour le corps le rafraîchissement et la force.

46. Quelle est la direction que suit le *principal courant* magnétique dans le corps?

Il coule du cerveau (sensorium commune) au creux de l'estomac (plexus solaire, ganglion solare); et du creux de l'estomac il va au cerveau. Dans le jour, le courant magnétique se dirige vers le *plexus solaire* par les mouvements que se donne le corps; dans la nuit, il se porte vers le cerveau par le rêve.

47. Quelle observation y a-t-il encore à faire dans la marche de ce courant?

D'abord observons qu'il y a une différence entre l'activité spirituelle et l'activité matérielle. Or, cette activité spirituelle fait, à chacun de ses actes, remonter le magnétisme à sa source. C'est ainsi que s'explique l'*infatigabilité* du corps dans tout ce que l'on fait avec zèle.

§ 2e. Des différentes parties du corps considérées à l'état magnétique.

48. Au point de vue magnétique, quelle différence y a-t-il entre le cerveau et les autres parties du corps humain?

C'est que le cerveau est le siége du magnétisme, et que les autres parties ne sont que le produit du travail du cerveau.

49. Qu'est le cerveau pour le magnétisme?

C'est l'organe d'où sortent les nerfs et par lequel ils sont soutenus; c'est la batterie qui produit et dirige le fluide nerveux pour penser et pour sentir.

50. Qui fait du cerveau le siége du penser?

Ce n'est pas la masse blanche qui s'y trouve qui en est la cause, ce sont les extrémités des nerfs eux-mêmes avec la cavité du cerveau où ils aboutissent qui forment la batterie; cette cavité servant de *réservoir* puis de *miroir*. La masse blanche fortifie seulement le corps des nerfs.

51. Le plexus solaire est-il en rapport avec le cerveau ?

Oui, et dans un rapport continuellement soutenu l'un par l'autre. C'est pour cela que quand on s'effraie, par exemple, on touche *sans savoir pourquoi* la tête ou l'estomac. La nature commande ce mouvement pour ramener à un de ces deux endroits le fluide retiré trop vite à la suite d'une impression très-vive.

52. Quel est le principal organe nutritif des nerfs ?

C'est la rate qui envoie aux nerfs les matières les plus purifiées et les plus subtiles qu'elle a élaborées dans ce but [1].

53. La rate a-t-elle encore quelque autre fonction à l'égard des nerfs ?

Oui, elle prépare un suc blanchâtre qu'elle envoie au cerveau et aux nerfs, et secrète pour ces derniers les glaires qui doivent les conserver dans leur élasticité [2].

54. Qu'arrive-t-il si cette sécrétion est empêchée ?

Si cette sécrétion est empêchée, il en résulte une maladie phthisique, une sécheresse dans les nerfs.

55. Quelles sont les causes de maladies de la rate ?

---

[1] Cela est démontré dans mes ouvrages.

[2] Je sais que ces hypothèses choqueront nécessairement les corps savants. Mais il ne faut pas oublier que la médecine n'a encore aucune

Les émotions trop vives, les irritations immodérées et enfin les contrariétés journalières domestiques et sociales.

56. La rate n'agit-elle point sur les fonctions des nerfs?

Non, elle leur fournit seulement la matière nutritive.

57. Pourquoi les personnes qui souffrent de l'estomac deviennent-elles faibles des nerfs?

Parce que les évaporations les plus purifiées de la nourriture ne parvenant plus à la rate, celle-ci ne peut alors les envoyer aux nerfs. De là vient aussi la

idée arrêtée sur les fonctions de cet organe, fonctions encore si inconnues pour elle jusqu'à ce jour, qu'un des plus renommés d'entre les médecins, un de leurs premiers physiologistes, M. Carus de Dresde, soutient que la rate est tellement superflue qu'elle peut être extirpée sans inconvénient pour la santé de l'individu que l'on en prive. Ces expériences, ajoute-t-il, ont été faites victorieusement sur des chiens et des chats. Je passerais sous silence la cruauté de l'expérience, si elle avait pu amener les médecins à la connaissance de quelque vérité; mais il est pénible de voir un homme de science essayer de prouver l'inutilité de cet organe. Comme si la nature pouvait faire quelque chose d'inutile! Il est triste aussi que la science en soit encore à croire que la rate n'est pas plus nécessaire à la végétation animale que le petit doigt, par exemple, qu'on peut amputer sans nuire au reste de l'organisme.

Il nous semble, au contraire, et notre croyance est basée sur l'observation, que toute altération de la végétation animale, les fièvres aiguës ou lentes, les névroses, les anémies, les amaigrissements et les dépérissements que l'on remarque chez certains individus, sont toujours accompagnés d'une irritation de la rate. C'est pourquoi, dans ces cas, j'agis tou-

faiblesse momentanée qui se fait sentir à chaque indigestion.

58. Quelles sont les opérations qui, dans la vie humaine, sont dues pour la plupart au système ganglionnaire?

Le sommeil et la veille, les fièvres à des époques fixes, la digestion, la croissance et le développement des membres et des organes, les règles et les périodes critiques du sexe féminin, les fonctions sexuelles elles-mêmes sont du ressort du système ganglionnaire. Et c'est ce *système attaqué* qui cause nos malaises, à chacune des atteintes portées à une de ses fonctions.

jours et principalement sur la rate, tout en évitant de troubler les crises nerveuses, et j'arrive à mon but *par le massage* ou l'imposition de la main. Ce mode curatif est encore trop peu connu ; pourtant les magnétiseurs, les médecins et les malades pourraient bientôt se convaincre, s'ils le voulaient, que la main salutaire d'un homme bienveillant peut lutter victorieusement, dans les inflammations et surtout dans les douleurs hystériques des phthisies, avec les cataplasmes, les sangsues et les émollients de toutes sortes. Par cette méthode (le massage) je dissipe ces petits nœuds nerveux qui se forment chez les femmes hystériques, nœuds que le célèbre Diffendach a quelquefois extirpés. Au lieu de couper, je détruis les nœuds par ce massage, qui les fait évanouir sous forme d'éruptions venteuses, de larmes et de hoquets de toutes sortes, que suscite, selon nous, la nature pour la destruction de ces nœuds. Je dis : selon nous, parce que cette méthode d'agir sur et par la rate qui fait disparaître ces glandes et ces vapeurs hystériques, qui ont été et sont encore un problème pour la médecine, vient de nous et est à nous. En voilà assez, je crois, pour réhabiliter dans l'estime de la Faculté cet organe dédaigné et méprisé qu'on appelle la rate.

59. Quelle sorte de cheveux ont les personnes magnétiques ?

Elles ont les cheveux très-fins.

60. Les personnes magnétiques ont-elles plus de chaleur que les autres ?

Oui, parce que le magnétisme chez elles, dans une disposition *active*, tient dans une activité semblable l'électricité qui est répandue dans le sang.

CHAPITRE IV.

SANG, ÉLECTRICITÉ.

61. Le magnétisme existe-t-il seulement dans les nerfs ?

Non, il est aussi répandu dans le sang.

62. Y a-t-il aussi de l'électricité dans le sang ?

Il y en a en si grande abondance que la matière électrique peut y être à peu près considérée comme *fluide porteur* du magnétisme.

63. Quelle est la proportion exacte entre le magnétisme et l'électricité dans le corps de l'homme sain ?

Comme un à trois.

64. Que résulte-t-il si cette proportion se trouve dérangée ?

Une lutte entre ces deux facultés qui cherchent mutuellement à se déplacer, et par cette lutte, la dissolution de la matière morbifique qui engendre les maladies. Là où l'électricité prédomine, il en résulte des maux de sang, des rhumatismes, la goutte, les scrofules, des enflures, des inflammations, etc., etc.

65. Comment cela?

Lorsque par le *retrait* ou l'*inertie* du magnétisme dans les tubes nerveux, l'électricité devient prédominante dans les canaux sanguins, il se forme des sédiments (sedimentum) extérieurs sur les différentes parties du corps, ou intérieurs sur les nerfs, sous forme de corpuscules de Pacini. Dans les deux cas, ces sédiments ne peuvent être guéris *radicalement* que par leur destruction complète dans les tubes nerveux, au moyen du magnétisme.

66. Que sont donc toutes les maladies?

Une lutte de l'électricité surabondante avec la force magnétique, ou de celle-ci avec l'électricité.

67. Quelles sont les maladies magnétiques?

Ce sont les *spasmes* et les *somnambulismes* de toutes sortes.

68. Y a-t-il aussi des spasmes électriques?

Oui, ils sont les symptômes de la lutte.

69. Quel est le symptôme principal auquel on peut reconnaître une maladie électrique ou une maladie magnétique?

Les personnes chez lesquelles le magnétisme prédomine *éprouvent des frissons;* tandis que celles que gêne l'électricité *souffrent de la chaleur.* Les premières sont très-difficiles à échauffer, et ce n'est qu'avec peine qu'on amène un refroidissement chez les dernières.

70. Les cheveux sont-ils magnétiques ou électriques ?

Les cheveux étant les conducteurs continuels de l'électricité sont en conséquence électriques.

71. Que prouve l'abondance ou le manque de cheveux ?

Cela prouve une surabondance maladive de l'électricité accumulée, et ce n'est que le magnétisme qui, *en remettant les deux fluides en proportion,* fait alors *tomber* ou *repousser* les cheveux.

CHAPITRE V.

SOLEIL, LUNE, TERRE.

§ 1er. — Soleil, Lune.

72. D'où vient la force magnétique pour tout l'univers ?

Cette force primordiale de l'univers vient, selon nous, du soleil, ce qu'il est facile d'admettre, puisque tout homme comprend que sans l'action de cet astre, l'univers se briserait immédiatement.

73. Comment expliquer l'action du soleil sur la terre?

La force magnétique du soleil pénètre la terre, puis en ressort, et de cette rencontre de sa propre force avec elle-même, *naît la chaleur*.

74. Que résulte-t-il de cette absorption et de cette émission de la terre?

La décomposition chimique et l'accroissement de tous les corps qui s'y trouvent. De la chaleur physique résulte la végétation.

75. Le magnétisme, dans l'homme, tient-il aussi son origine du soleil?

Non, il vient de l'esprit; mais cependant son magnétisme est soutenu par celui du soleil.

76. Où se trouve la plus grande force magnétique dans un corps, alors que le soleil exerce son action sur lui?

Là où le soleil luit sur un corps, là est une force magnétique plus élevée que sur la partie qui est dans l'ombre.

77. La lune a-t-elle aussi une influence magnétique sur la terre?

Non, elle a une influence électrique, *destructive*. C'est ce que prouve la putréfaction dont la cause principale est l'influence lunaire.

§ 2ᵉ. — Terre.

78. La terre est-elle un corps magnétique ?

Oui, et après avoir attiré la force magnétique du soleil, elle en rend le superflu, et attire de plus l'humidité nécessaire à ses créations.

79. Après l'orage, lequel des deux prédomine, de l'électricité ou du magnétisme ?

C'est le magnétisme.

80. Quelle en est la conséquence ?

C'est que l'air nous est alors plus agréable.

81. Des corps magnétisés peuvent-ils être encore magnétisés ?

Oui. C'est ainsi que des personnes qui déjà ont été magnétisées ressentent très-bien le magnétisme que ces corps renferment, de sorte que, frappées dans leur esprit par ces objets magnétisés et par le magnétisme qui se réveille en elles-mêmes, on les voit soudain s'endormir. Quelquefois elles sont même guéries par ces objets ou *paquets* [1]; mais alors la guérison ne peut être que de courte durée, puisque dans ce cas, le magnétisme n'est le plus souvent dirigé qu'irrégulièrement sur les maladies.

---

[1] On appelle ainsi une chose quelconque magnétisée et envoyée à quelqu'un dans un but que s'est proposé le magnétiseur.

82. L'influence du soleil et de la lune sur les eaux est-elle la même ?

Certaines eaux sont plus exposées aux rayons du soleil et sont magnétiques ; d'autres le sont davantage à ceux de la lune et sont électriques ; il y en a sur lesquelles les deux agissent également, elles sont galvaniques. — Ceci nous explique pourquoi telles personnes ne peuvent boire impunément de certaines eaux.

83. La force magnétique de l'homme a-t-elle une influence sur l'aiguille aimantée ?

La force magnétique de quelques individus peut, par une tension plus énergique de *leur vouloir*, occasionner un courant magnétique et exercer ainsi une influence déviante sur l'aiguille aimantée.

84. Cet effet peut-il toujours s'obtenir ?

Non, car l'air plus ou moins orageux a, dans ce cas, une très-grande influence et peut s'opposer à ce phénomène.

85. La volonté spirituelle a-t-elle une influence sur l'aiguille aimantée ?

Cet effet n'est pas possible, puisque la volonté agit seulement sur une vie spirituelle et non sur un objet inanimé.

86. Comment expliquer qu'en touchant fréquemment une plante, on aide à sa végétation ?

Cet effet favorable a lieu non-seulement parce

que la plante est touchée, mais encore parce que la terre possède la même force vitale que nous. Lors donc que nous touchons cette plante, la force vitale de la terre s'augmente par le courant magnétique qui sort de notre main.

87. L'homme peut-il fortifier sa vigueur magnétique par le contact avec la terre ?

Non, puisque nous avons dit que la terre attire la force magnétique du soleil. Elle nous prend seulement notre vigueur superflue. — C'est pour cela que les enfants vifs et pétulants aiment à se rouler par terre.

II

PRATIQUE GÉNÉRALE.

CHAPITRE VI.

LA MAGNÉTOTHÉRAPIE.

§ 1ᵉʳ. — **Personnalité du Magnétiseur.**

88. A quoi reconnaît-on que quelqu'un possède la force magnétique et qu'il sait l'amasser en lui ?

Celui qui, en marchant, étant debout ou assis, frotte fréquemment ses mains ou croise ses jambes, a une force magnétique qu'il sait diriger. Car par ces mouvements divers, il réunit ses extrémités nerveuses, et par là enchaîne en lui *son aimant*.

89. A quoi reconnaît-on le magnétiseur expérimenté ?

Plus le geste est précis, aisé, en rapport avec ce qui est dit ou fait, *même en magnétisant*, plus il annoncera chez le magnétopathe l'expérience et le succès.

90. Quel est le meilleur magnétiseur ?

Le meilleur est celui qui a un caractère ferme et paisible, porté vers les passions sans être subjugué par elles, possédant la capacité voulue, qui recueille son attention sans effort et s'occupe uniquement, pendant qu'il magnétise, de ce qu'il fait.

91. Quel est le plus mauvais magnétiseur?

Un magnétiseur curieux est le plus mauvais et le plus dangereux pour les malades, puisque son attention est fixée à toute autre chose qu'au rétablissement de la santé de son patient.

92. Par quoi s'opère l'influence première du magnétiseur?

L'influence personnelle magnétique première se fait par l'approche, le regard et les mains. Le rapprochement entre deux hommes cause toujours soit une antipathie plus ou moins désagréable, ou des sentiments sympathiques. Or l'approche près du malade, le rapport paisible qui s'ensuit, sont déjà, dans des cas très-graves et chez des sujets très-impressionnables, de puissants moyens de magnétisation. — Quelquefois même cela est suffisant.

93. Que faut-il principalement observer au commencement du traitement?

Il faut que la première magnétisation se passe toujours aussi doucement que possible, et qu'ensuite on donne pendant quelques heures des soins au malade. S'il a l'air souffrant, le magnétiseur doit rester près de lui. Car de la magnétisation la plus douce possible il naît (rarement, il est vrai, mais pourtant quelquefois) une réaction très-forte dans la nature du malade, réaction qui est toujours très-salutaire, si elle est la suite d'une opération faite avec douceur, et qui par conséquent est fort désirable pour le malade. Après la magnétisation, le malade et son entourage sont souvent très-inquiets, et cette inquiétude, en l'absence du médecin, non-seulement entrave *toujours* la crise salutaire, mais ce qui est encore plus préjudiciable, elle diminue le premier élan de la nature et retarde la guérison.

94. Que faut-il observer quand quelqu'un vient d'être magnétisé ?

Après la magnétisation, il faut laisser le malade seul et tranquille au moins pendant une demi-heure.

95. Comment le magnétiseur peut-il augmenter sa force magnétique ?

En faisant sur soi-même trois passes, du front vers le centre du cerveau, en y amenant toute la force et y laissant sa main posée un moment. C'est pour cela que l'homme pensif se frotte le front en relevant ses cheveux.

96. Que faut-il faire pour exciter le cerveau du malade à mieux développer son activité ?

On pose sur la rate du malade l'extrémité des doigts, l'index ou le médium étant *magnétiquement fortifiés*

97. Comment le magnétiseur peut-il fortifier lui-même un de ces doigts?

Il le fortifie en conduisant avec la main gauche, à partir du coude droit, le long des nerfs, le courant magnétique vers le doigt qu'il veut fortifier; puis il courbe les autres doigts l'un après l'autre, laissant seulement étendre celui qui doit avoir plus de force, et sur lequel il va jusqu'à la phalange du milieu. De cette façon, la vigueur des cinq doigts se concentre en un seul.

98. Comment peut-on se mettre en rapport avec des individus qui éprouvent pour vous peu de sympathie ou même de la répugnance?

On s'unit avec ces malades : 1° en posant les mains les unes contre les autres, les doigts se touchant exactement; 2° en faisant de la main droite des passes que l'on dirige du *plexus brachial* gauche du malade à celui du magnétiseur; 3° en lui faisant accepter un petit présent qui lui soit agréable.

99. Quel est l'effet de cette jonction et de cette magnétisation?

D'établir un rapport matériel qui conduit au spirituel.

100. Comment le magnétiseur peut-il amasser en lui son propre magnétisme?

En enveloppant ses mains dans un foulard et en tenant les yeux fermés pour se recueillir.

§ 2ᵉ. — Le Magnétiseur au lit du malade.

101. Que doit faire un magnétiseur appelé au lit d'un malade ?

Avant tout, il doit songer à se mettre dans un repos magnétique convenable, afin de pénétrer avec tranquillité et d'un coup d'œil sûr dans la maladie qui se manifeste ; ensuite il doit s'efforcer de la faire arriver, mais pas à pas, à une amélioration sensible. Pour cela, il faut d'abord mettre le malade *à son aise*, de manière à ce qu'il puisse donner quelque indice de son affection, par une pose du corps naturelle à sa maladie et par l'expression de sa physionomie. Ceci scrupuleusement observé, on peut ensuite faire approximativement une appréciation qui vous dit par où et sur quoi vous avez à agir.

102. Que doit-on éloigner du malade ?

Les métaux, les plumes, la soie et les *spectateurs superflus*.

103. Qu'a-t-on à observer ultérieurement par rapport au traitement médical ?

Si déjà le malade a été soumis à un traitement médical, on met d'abord de côté toutes les drogues pour ne pas gêner l'effet du magnétisme ; on veille activement sur tout symptôme de crises ; et quand le magnétisme est le plus fort, si *le corps le veut*, par suite de l'habitude, on peut lui rendre ses remèdes.

104. Comment doit-on commencer le traitement magnétique ?

Il se commence de lui-même sans que le malade s'en aperçoive. On agit ainsi afin de ne pas en troubler l'effet et pour ne pas nuire aux malades par des apprêts ou manifestations qui pourraient les troubler. Il faut surtout éviter de se poser en magicien. L'approche, la main placée dans la main ou sur l'épigastre pendant quelque temps, sont les meilleurs moyens et produisent le meilleur effet.

105. Quels sont les phénomènes qui se présentent ordinairement en magnétisant ainsi ?

De légers changements dans le visage, une chaleur sensible ou des frissons, une augmentation d'activité vitale dans les vaisseaux sanguins et dans les nerfs, un changement de rapidité du courant à travers tout le corps; le pouls se remplit et devient plus vivant; une plus grande chaleur et une rougeur, reflet animé de l'activité intérieure du cœur, se montrent en même temps; une sueur vient au front accompagnée ordinairement d'autres sécrétions, comme la toux, l'éternument, le moucher, etc. Souvent, et dès le commencement, au lieu d'un battement de cœur régulier, au lieu d'une sérénité d'âme satisfaisante et d'un état de santé assez tranquillisant, il survient tout à coup un petit pouls inégal, des palpitations et des serrements de cœur, une pesanteur dans tous les membres, et souvent aussi des douleurs et un malaise général. — Tous ces symptômes ne sont que des *spasmes*.

106. Comment doit-on placer deux sujets à magnétiser, quand l'un des deux doit donner sa force magnétique à l'autre?

Dans ce cas, il faut que celui que l'on doit magnétiser soit couché de manière à former un angle avec le malade, les pieds du premier derrière la tête de ce dernier. Alors le courant magnétique se communiquera.

107. Comment doit-on s'y prendre s'il survient dans le sujet magnétisé une trop violente réaction?

Sachant que l'effet n'est que la conséquence de la cause, le magnétiseur doit se tenir tout-à-fait calme, et agir sur le moral du malade et sur son entourage. Car la tranquillité du magnétiseur réagit sur le patient et lui donne la force nécessaire pour entrer dans cet état de crise (quasi-sommeil d'hiver), d'y entrer avec toutes ses douleurs, et de n'en sortir que renaissant à un nouveau printemps de sa vie, *en temps opportun*, et guéri.

108. L'heure est-elle indifférente pour commencer un traitement magnétique?

Il faut toujours commencer le traitement magnétique vers les sept heures du soir, le soleil étant couché, et éviter de le commencer jamais quand la lune éclaire la terre.

109. Est-il nécessaire pour magnétiser d'observer chaque fois et ponctuellement les mêmes heures ?

Cela est au contraire très-nuisible, car alors il s'ensuit une habitude qui devient une puissance et qui occasionne du tourment au malade comme au médecin si on retardait à satisfaire ce besoin qu'on a créé.

110. Quelles sont les meilleures heures pour continuer la magnétisation ?

Dans les cas légers, le matin et avant midi sont le moment le plus favorable. Avec les somnambules, il faut toujours magnétiser le soir.

111. Est-il bon de magnétiser souvent ?

Ce n'est pas toujours un bon moyen pour hâter la guérison ; la nature veut avoir du temps pour consommer sa crise, et pour cela elle aime à avoir du repos. La preuve c'est qu'il se montre quelquefois une amélioration frappante chez des malades qu'on ne magnétise qu'une ou deux fois par semaine.

112. Que faut-il observer par rapport à la durée des visites ?

Que dans le cas de crises, surtout d'espèce convulsive, il peut arriver qu'on ne puisse pas quitter le malade pendant des heures entières ou que l'on soit obligé de venir le voir fréquemment.

113. Beaucoup magnétiser n'aide-t-il pas à la guérison ?

Ceci est une fausse croyance. Le nombre de

passes, ainsi que leur répétition, doivent être déterminés d'après la maladie. C'est elle encore qui indique s'il est besoin de magnétiser une ou deux fois par jour ou à de plus grands intervalles.

114. La position du lit du malade est-elle indifférente ?

Souvent la guérison est plus prompte selon l'*orientation* du lit.

115. Que doit-on observer par rapport à cette orientation du lit ?

Que la tête soit tournée vers le sud ou pôle antarctique, et qu'ainsi le soleil luise transversalement sur le lit.

116. Quelle est la meilleure *orientation* du lit ?

Cela dépend de la maladie. S'il est nécessaire d'augmenter la crise, il faut placer le lit de manière à ce que le soleil suive la ligne, des pieds vers la tête du malade. Dans le cas opposé, le soleil doit suivre la ligne contraire, c'est-à-dire de la tête aux pieds. Quand il faut produire un développement très-lent de la maladie, on place le lit pour que le soleil, dans son cours, le coupe dans sa largeur.

CHAPITRE VII.

SYMPTOMATIQUE.

§ 1ᵉʳ. — *Des symptômes en général et des principales divisions des maladies.*

117. Quelles sont les maladies sur lesquelles le magnétisme agit principalement ?

Sur toutes les maladies des nerfs et de l'esprit, et surtout dans toutes les affections chroniques abandonnées par la médecine, puisque dans ce cas, l'esprit du malade se rattache mieux à ce dernier espoir, à ce dernier remède.

118. Quelles sont les maladies spécialement propres à être guéries par le magnétisme ?

Principalement toute espèce de contractions des membres, les inflammations chroniques des yeux, les maux de gorge, le désordre du sang soit hémorroïdal, soit mensuel, les crachements ou les vomissements de sang ; tout cela ne peut se guérir plus promptement que par ce moyen ; il en est de même pour les grandes souffrances des femmes quand elles éprouvent un retard ou un retour des règles.

119. Parmi les maladies végétatives, quelles sont celles que guérit le magnétisme ?

Dans la sphère des maladies qui offrent à l'œil

des végétations, sont guéries par le magnétisme : les maladies chroniques de la peau, les gouttes, le rachitisme, les scrofules, le scorbut, la chlorose, la jaunisse, l'hydropisie, les ulcères, les différents maux d'estomac avec leur dépôt chronique, le mal des vers chez les enfants, les spasmes qui se montrent au développement des jeunes gens, les maux hystériques, les hystéries enracinées, comme les manies, les idiosyncrasies de toutes sortes, depuis le premier désir extravagant jusqu'au lunatisme et au somnambulisme ; toutes ces maladies étant des faiblesses du corps, alors même qu'elles ont une cause matérielle ou spirituelle.

120. A quoi reconnaît-on si la cause de la maladie est matérielle ou spirituelle ?

A l'apparence et à la tenue de l'individu. Il y a des gens qui, malgré leur désorganisation intérieure, ont une forte corpulence, mais ils ont des mouvements nonchalants et sont continuellement *couverts de saletés, de toutes sortes d'éruptions*; tandis que les personnes d'une activité toute spirituelle sont plus maigres, ont des cheveux fins, une peau délicate et une tenue énergique.

121. Comment reconnaît-on le siége d'une maladie?

On le reconnaît :

1° Par la tenue du malade, qui cherche toujours à garantir la partie souffrante, et qui, quand on le regarde fixement et qu'on s'informe de l'état de sa santé, touche aussitôt et sans y faire attention, la partie souffrante.

2° On le reconnaît aux progrès du mal, à la douleur ou à l'inaction de la partie souffrante et des muscles qui l'environnent.

122. Comment expliquer qu'on puisse parfaitement lire dans les traits du visage, dans l'attitude et dans le mouvement, les soi-disant maladies de l'âme ?

Toutes les sensations de l'âme apparaissent tout d'abord sur la figure, et, plusieurs fois répétées, s'impriment sur le visage, y laissent des *traces ;* de même tous les actes mimiques étant accompagnés de poses et de gestes, ces poses et ces gestes deviennent par la suite involontaires ; et c'est ainsi que l'on reconnaît sur le visage, dans l'attitude comme dans les mouvements, la fatigue des nerfs, *fatigue causée par le trouble de l'âme.*

123. Mais comment peut-on reconnaître à l'extérieur du malade si le mal est plutôt dans le sang que dans les nerfs ?

Par la position de la main. La main gauche tendue en avant, ouverte, tournée en dehors, indique *toujours* un désordre dans le sang ; les mains habituellement jointes, indiquent une faiblesse magnétique ; les jambes croisées, les mains fermées, la tête aimant à s'appuyer, et les membres à se tirer et à s'étendre, de plus l'inquiétude du corps et de l'esprit dénotent une faiblesse magnétique ou un trouble dans les plexus des nerfs.

124. A quoi peut-on reconnaître le lieu du foyer de destruction ?

La position des mains de même que le regard démontrent toujours le siége de la maladie; car l'homme souffrant indique toujours, par les gestes ou les yeux, l'endroit où il souffre.

§ 2ᵉ. — **Maladies survenant à la suite de l'interruption du courant magnétique.**

125. Où s'agglomère la force magnétique lorsque le corps est malade ?

Elle s'amasse démesurément ou dans la tête, ou dans la poitrine, ou dans le creux de l'estomac, ou dans le dos (ce sont là les points de concentration), ou bien encore elle se disperse irrégulièrement, et *erre*, pour ainsi dire, dans le corps.

126. A quoi le magnétiseur doit-il reconnaître les concentrations ?

Par la position favorite et le mouvement familier que l'homme adopte, et aussi par ses actions, quand il est dans son état naturel et qu'il se croit inobservé.

127. Quels sont les principaux signes auxquels on peut reconnaître chaque concentration ?

Lorsque le fluide est concentré dans la tête, le

malade la *remue* toujours et se contracte la figure; lorsqu'il l'est dans la poitrine, il la *fait ressortir* et rejette les épaules en arrière; celui chez qui la concentration a lieu dans le creux de l'estomac, remue les reins et s'appuie en avant; enfin celui dont la force magnétique est dissipée, se retourne et s'appuie sans cesse.

128. Donnez-nous les symptômes précis et exacts des différentes concentrations magnétiques chez l'homme?

Ce sont les symptômes qui suivent :

1° Dans les concentrations du cerveau, un coup d'œil le plus souvent faux et dirigé en haut;

2° Un regard *pénétrant* en regardant en haut, et faible lorsque le malade regarde en bas ;

3° *Penser clairement*, mais faire attendre longtemps la réponse ;

4° Incliner la tête de côté ;

5° S'effrayer de tout ;

6° Étendre les mains et les fermer ensuite ;

7° En s'effrayant, mettre la paume de la main sur l'estomac;

8° Placer ordinairement la tête dans la main, ou mettre la main sur la hanche;

9° Placer la main sur le côté.

129. Comment reconnaît-on les concentrations au creux de l'estomac?

II.—PRATIQUE GÉNÉRALE.

Par les signes suivants :

1° Prostration fréquente et la tête de côté ;

2° Regard ordinairement fixé en bas ;

3° Coup d'œil *vif* vers le bas, *languissant* vers le haut ;

4° En marchant, mouvement de va-et-vient des mains ;

5° En s'effrayant, la main portée à la tête ;

6° Plaintes avec humeur ;

7° Dans les douleurs de la maladie, un regard vers la terre ;

8° Plus de maux d'estomac et de bas-ventre que de maux de tête ;

9° Mouvement plus libre des membres, tandis que dans les concentrations de la tête, les membres sont plus raides ou immobiles ;

10° L'esprit se porte plus volontiers sur des objets matériels, tandis que dans les concentrations de la tête, il s'occupe davantage de choses transcendantes et élevées et a des vues plus profondes.

130. Quant aux concentrations du dos, comment les reconnaît-on ?

Par les signes suivants :

1° Regard direct et languissant ;

2° En marchant, les mains lancées en avant ;

3° Les yeux fermés en réfléchissant ;

4° Position habituellement renversée ;

5° Les bras derrière le dos et les mains l'une sur l'autre.

131. Pour les concentrations de la poitrine, comment les reconnaître ?

Aux signes suivants :

1° Coup d'œil pénétrant en ne songeant à rien, languissant en réfléchissant ;

2° Les mains portées vers l'oreille en s'effrayant ;

3° Les mains placées l'une sur l'autre ;

4° Ignorance de sa maladie.

132. Quand le magnétisme est dispersé dans tout le corps, comment le reconnaît-on ?

Aux signes suivants :

1° Inquiétude continuelle ;

2° Mouvements nerveux, crispations dans les nerfs (*tics*) ;

3° A chaque mouvement, une inquiétude de l'âme manifestée au dehors ;

4° Instabilité dans toutes les actions et incertitude contradictoire dans les paroles ;

5° Tremblements, en faisant un effort quelconque ;

6° Maladresse ;

7° Frissons fréquents ;

8° Désir des plaisirs ;

9° Malaise et inquiétude près d'un magnétiseur.

II.—PRATIQUE GÉNÉRALE.

§ 3e — Symptômes de la maladie du sang.

133. A quoi reconnaît-on que le sang prédomine ?

Celui qui *entrelace* souvent les mains est dominé par le sang.

134. Comment peut-on reconnaître si le sang est plus magnétique ou plus électrique ?

Par les symptômes électriques.

135. Quels sont les symptômes électriques ?

Les démangeaisons, l'envie de mordre, de piquer, de brûler; les sueurs, le froid; le cracher; le saignement de nez; l'éternument, la toux; les éruptions, les abcès ou les plaies.

136. Qu'a-t-on surtout à observer à l'égard du sang ?

Il faut voir s'il est plus magnétique ou plus électrique.

137. Qu'y a-t-il à faire quand le sang est trop magnétique ou trop électrique ?

Si le sang est trop magnétique, il faut fournir de l'électricité; s'il est trop électrique, il faut chasser l'électricité.

CHAPITRE VIII.

DES RÈGLES EN GÉNÉRAL, POUR LE TRAITEMENT DES MALADIES.

§ 1er. — Ce qu'il faut observer dans chaque maladie.

138. Qu'y a-t-il de plus important à observer, en magétisant?

Le plus important, en magnétisant, *est d'y penser;* car, si l'esprit n'est pas attentif à ce qu'il fait, il n'en résulte pas de direction pour le courant nerveux, et la *force* ne peut pas se fixer; car la direction et l'impression du courant nerveux ne se font pas seulement matériellement, mais aussi spirituellement.

139. A quoi doit-on penser avant de magnétiser?

On doit penser si, au moyen de l'influence magnétique, il *est possible d'aider le malade*, et *comment*. La volonté *seule* de soulager est *insuffisante*. Pour *bien* magnétiser, il faut *bien* méditer sur la manière dont on veut magnétiser, et cela en cherchant les moyens qui sont dans le plus grand rapport possible avec la maladie.

140. Où se trouve la plus grande vigueur magnétique?

Elle se trouve à la racine des doigts et à leur extrémité.

141. Pourquoi?

Parce que les nerfs s'y entrelacent.

142. D'où découle la force magnétique la plus subtile ?

Le fluide magnétique le plus subtil découle du sang et de la racine des doigts : il faut donc employer rarement ce moyen le *plus puissant* de magnétisation. Par conséquent et habituellement on doit magnétiser avec l'extrémité des doigts et suivre les passes de l'œil, car en regardant fixement au-dessus de la main, on arrêterait le courant magnétique.

143. Quelle est la meilleure main pour magnétiser?

Pour les somnambules du cœur, c'est la main gauche; pour ceux du cerveau, c'est la droite.

144. Cependant, quelle est la main ordinairement la plus apte à développer l'influence magnétique?

La main droite, parce qu'au côté gauche se trouve le cœur et que le courant du sang affaiblit le magnétisme.

145. Chaque maladie est-elle toujours accompagnée d'une affection particulière à l'un des cinq sens?

Dans toute souffrance l'un des cinq sens au moins se trouve affecté; soit que le malade ait peur, que la lumière lui déplaise, qu'il éprouve un tintement dans les oreilles ou qu'il n'ait ni appétit, ni odorat, ni goût.

146. Y a-t-il quelque rapport entre nos doigts et nos sens ?

Chacun de nos doigts correspond à un de nos sens par son courant magnétique nerveux, homogène à son sens correspondant.

147. Faites-nous connaître les rapports qui existent entre chacun de nos doigts et nos sens ?

L'âme correspond avec le pouce.
La vue............... l'index.
L'ouïe............... le médium.

L'odorat et le goût conjointement, avec l'annulaire et l'auriculaire.—Selon le sens attaqué, il faut de préférence faire les passes avec le doigt correspondant.

148. Donnez un exemple qui serve à nous guider dans le choix des doigts à prendre selon les différents genres de maladie ?

Quelqu'un a-t-il, 1° avec la goutte, des inquiétudes, etc., il faut alors faire les passes avec le pouce ;

2° A-t-il des douleurs dans les yeux, il faut les faire avec l'index ;

3° Entend-il difficilement, agissez alors avec le médium ;

4° A-t-il perdu le goût ou l'appétit, faites les passes avec les deux derniers doigts.

149. Que faut-il faire quand le magnétopathe a découvert le point de concentration magnétique et le siége de la souffrance ?

Alors on fait, avec le doigt du sens ou de l'organe affecté, des passes sur l'endroit douloureux à partir des nœuds nerveux les plus proches et au-dessus, jusqu'aux autres nœuds situés plus bas que le siége de cette souffrance.

150. Est-ce un signe de non-réussite si, pendant que l'on magnétise, on ne remarque point d'effet?

Non, car l'effet n'a lieu bien souvent qu'après avoir magnétisé. Quelquefois aussi des phénomènes physiques très-insignifiants se montrent en magnétisant, et pourtant les malades se trouvent guéris. C'est que le magnétisme agit continuellement dans l'homme une fois aimanté, comme dans la boussole.

§ 2ᵉ — Étude des passes.

151. Quelle est la règle principale que l'on peut poser pour les passes ?

Celle-ci : que la partie souffrante ne doit aucunement être touchée, et qu'il faut toujours faire les passes à partir des nœuds nerveux qui sont au-dessus, jusqu'à ceux qui sont au-dessous de cette même partie souffrante.

152. Combien doit durer l'application de la main sur la plante des pieds, pour favoriser la crise ?

De deux à neuf minutes, comme pour celle des mains.

153. Quelles sont les douze principales passes à faire pour égaliser la force magnétique dans le malade?

Les suivantes : 1° Trois passes avec le pouce, à partir du haut et du milieu du front, par-dessus le nez et vers le creux de l'estomac ;

2° Trois avec l'index, à partir du milieu des sourcils ;

3° Trois avec le médium, à partir du centre des oreilles.

4° Trois avec les deux derniers doigts, à partir de la mâchoire. Il faut toujours que toutes ces passes soient conduites jusqu'au creux de l'estomac. Une fois là, on y applique la main, les doigts allongés et rapprochés.

154. Combien faut-il faire de passes pour égaliser la force magnétique ?

Neuf passes exactement faites suffisent, parce qu'il y a seulement neuf nœuds principaux de plexus nerveux.

155. Faut-il toujours faire ces neuf passes ?

Non. Si le mal se trouve dans les parties inférieures du corps, il faut simplement faire autant de passes qu'il y a de principaux nœuds nerveux au-dessous du siége du mal. Par exemple : Si le malade a des oppressions de poitrine et pas de maux de tête, cinq passes suffisent ; a-t-il mal à la gorge, il n'en faut que sept, etc. Le nombre de passes est donc généralement déterminé par le lieu de la souffrance, de même que le choix des doigts est indiqué par le sens affecté.

II.—PRATIQUE GÉNÉRALE.

156. Quels sont les neuf nœuds nerveux magnétiques?

Ce sont :

1° Aux tempes. (*Corpora quadrigemina.*)

2° Derrière les oreilles. (*Plexus cervicalis.*)

3° Près de la clavicule. (*Plexus brachialis.*)

4° Dans la poitrine, horizontalement avec le point de vaccination. (*Plexus cardiacus.*)

5° Un peu au-dessus de l'estomac. (*Plexus solaris.*)

6° Un peu au-dessus des hanches. (*Ganglia lumbalia.*)

7° Dans l'aine. (*Ganglia sacra et plexus hypogastricus.*)

8° Au-dessus du genou. (*Communicans tibialis.*)

9° Sous la plante des pieds. (*Ramus volaris.*)

157. A quelle distance le fluide magnétique se laisse-t-il diriger par une passe?

Chaque passe magnétique conduit le fluide magnétique seulement d'un nœud nerveux à un autre.

158. Pourquoi faut-il faire *au plus* neuf passes?

Le courant magnétique ne se laissant diriger par une passe que d'un nœud à l'autre, ce ne sera donc ainsi qu'à la neuvième passe que du nœud nerveux supérieur il arrivera enfin au dernier, où on aura toujours soin de lier et d'intercepter la *force*.

159. Qu'est-ce qu'intercepter et lier la force magnétique?

Intercepter, c'est forcer le courant magnétique interrompu du malade de se *retirer* sur le plus proche nœud nerveux. Pour ce faire, on ferme la main de sorte que l'extrémité des doigts en touche la paume et que les ongles s'appuient à la chair. *Lier*, c'est faire rester le fluide magnétique dans le nœud nerveux précédent. On l'y fixe ou on le *lie*, en *interceptant* la force, ainsi qu'il vient d'être dit.

160. Est-il nécessaire de *lier la force* et *d'intercepter le courant* ?

Oui, ceci est de la plus haute importance, car la force magnétique qui a été dirigée vers le bas, est par ce moyen forcément retenue à *un des nœuds*, ce qui ne pouvait se faire par l'ancienne méthode magnétique; car le courant n'était pas bien dirigé, et l'accumulation du fluide nerveux ne se faisant pas exactement, ne pouvait par conséquent jamais être fixée convenablement.

161. Que cherche-t-on en interceptant et en liant la force magnétique?

En interceptant le courant du fluide magnétique du malade, on tend à *entortiller* ce fluide dans les *réseaux* nerveux appelés *plexus* et à l'y retenir. Dans l'ancienne méthode, par des passes trop rapides, on ne faisait pas suivre le courant, ou on le faisait reculer, ou bien encore faussement accumulé, le fluide restait toujours à sa place comme principe de maladie. C'est comme, par exemple, si on voulait avec un aimant changer des aiguilles de place et qu'on se contentât de promener vivement et irrégulièrement cet aimant sur les aiguilles et de celles-ci à leur nouvelle place, sans s'occuper de les faire adhérer à l'aimant ni de les déposer à l'endroit où on veut les mettre.— Qu'obtiendrait-on ?

162. Que faut-il observer dans les concentrations du creux de l'estomac et dans celles du cerveau ?

Dans les premières, il faut diriger toutes les passes vers le creux de l'estomac et poser souvent l'extrémité des doigts sur le *plexus solaire*. De plus, on dirige le moins possible l'état somnambulique vers le spirituel, mais bien vers le matériel. On détourne ainsi les malades de leurs frayeurs continuelles de spectres et de malfaiteurs ; et cela est très-utile, puisque ces hallucinations habituelles sont *toujours* des avant-coureurs de spasmes.—Au contraire, dans les concentrations du cerveau, les malades ont souvent des spasmes qui les engourdissent en les rendant aussi raides que s'ils étaient morts. On y remédie, en regardant fixément les tempes du malade, avec la ferme volonté de le distraire de ses pensées, et par cette distraction on le force à revenir à lui et à reporter son attention sur les choses matérielles de la vie.

§ 3e.—(Suite).

163. Que doit-on faire si des accumulations magnétiques (spasmes) ont lieu ?

Il faut égaliser ces accumulations et diriger le fluide magnétique par des passes spécifiques, afin de rétablir la circulation calme et égale du courant (*la santé momentanée*).

164. Que doit-on observer par rapport aux accumulations du fluide dans la tête (maux de tête)?

Il faut alors, comme dans les concentrations de la tête en général, diriger les passes, des tempes vers les *nœuds* des bras.

165. Mais que faut-il faire quand les maux de tête ont leur cause dans le sang ?

Quand la matière électrique prédomine dans le sang et détermine les maux de tête, il faut dès le commencement du traitement magnétique, agir sur le sang.

166. Comment peut-on reconnaître si le mal de tête a une cause électrique ou magnétique ?

Par les mains chaudes ou froides.

167. Comment se font les passes qui agissent sur le sang ?

On place les doigts sur l'os de la hanche, et on descend par le côté extérieur du corps vers la cheville, et par-dessus les doigts jusqu'à la plante du pied; alors on intercepte et on lie le courant. Si l'on répète cela neuf fois, il en résulte bientôt de la sueur ou une autre sécrétion.

168. Quelles sont les trois sortes de passes agissant spécialement sur le sang?

Ce sont les passes *conductrices*, les *purifiantes* et les *fortifiantes*.

169. Qu'appelle-t-on passes conductrices?

On s'en sert seulement pour les malades du sexe féminin pour agir sur les règles. On les conduit de la manière suivante : Le magnétiseur met le médium dans le creux du jarret, les autres doigts appuyés extérieurement, et l'on descend ainsi par-dessus les mollets jusqu'à la cheville extérieure du pied. Ensuite on descend la main, du haut de la cheville sur le coude-pied, par-dessus l'extrémité des doigts jusqu'à la plante du pied. Arrivé là, on s'arrête.

170. Quelles sont les passes purifiantes?

On les appelle ainsi parce qu'elles purifient le sang. On les fait en plaçant les mains sur l'os de la hanche, les doigts vers l'épine dorsale; puis l'on descend lentement et extérieurement vers le pied. De la cheville, on passe sur le coude-pied, puis par-dessus l'extrémité des doigts jusqu'à la plante du pied. Là, on s'arrête.

171. Quel effet produisent ordinairement ces passes?

Habituellement ces passes excitent la sueur.

C'est pourquoi on les appelle aussi *passes de sueur*.

172. Que faut-il observer quand on veut qu'elles amènent la sueur?

Le procédé matériel est le même, mais il faut que le magnétiseur donne une autre direction à sa volonté, c'est-à-dire, *qu'il veuille* que les passes excitent la sueur.

173. Y a-t-il d'autres passes de sueur?

Oui, et on les fait en tenant une main posée sur la nuque, l'autre vis-à-vis et par devant; alors on descend également les deux mains, jusqu'à ce que l'une se trouve au creux de l'estomac. On répète cela trois fois.—Alors on place les mains sur les épaules du sujet, on descend le long des bras et l'on passe par dessus l'extrémité des doigts, jusque dans la paume de la main. On répète encore trois fois.—Puis on tient une main en face du front, l'autre parallèle à celle-ci, mais derrière la tête, et on descend parallèlement les deux mains jusqu'à ce que l'une arrive à la nuque. On recommence de nouveau trois fois.—Et l'on descend les mains, jusqu'à ce que celle qui est devant se trouve au creux de l'estomac. En tout : dix passes.

174. Peut-on appliquer ensemble ces deux sortes de passes?

Oui, surtout dans les rhumatismes aigus.

175. Par quelles passes agit-on spécialement sur les intestins?

On met la main aux environs de l'estomac et l'on suit avec elle le cours des intestins, en se les représentant le plus vivement possible dans l'imagination.

176. Comment agissent ces passes ?

Généralement sur les fonctions des intestins, et spécialement sur les évacuations.

177. Peut-on provoquer aussi des vomissements et comment ?

En faisant les passes ci-dessus mentionnées au rebours, c'est-à-dire que quand on commence par le sacrum, on finit dans les environs de l'estomac.

178. .....Quelles sont les passes dont on se sert ordinairement pour fortifier le corps ?

On met les mains sur les épaules, et on descend jusqu'au point de vaccination ; là, on presse le bras avec quatre doigts, le pouce appuyé sur la poitrine, puis on passe les quatre doigts en dessous de l'épaule vers le côté de la poitrine, là on joint les doigts et l'on descend perpendiculairement jusqu'à la hanche, et de là et en dehors vers la cheville, puis sur le coude-pied, enfin par-dessus les doigts, comme ordinairement.

179. Peut-on encore renforcer ce procédé ?

Oui, en faisant les passes à partir du plexus des oreilles et *sans toucher*.

180. Comment magnétise-t-on les somnambules pour les fortifier dans leur somnambulisme ?

On pose les pouces sur les tempes et les doigts

sur le crâne, puis l'on attend quelques secondes et l'on ramène lentement les quatre doigts vers les tempes. Là, on attend de nouveau quelques secondes, après quoi on passe avec les cinq doigts derrière les oreilles. Après avoir attendu encore quelques secondes, on descend vers le creux de l'estomac, où l'on *intercepte* et on *lie*.

181. Quel est le chemin à suivre pour passer des oreilles au creux de l'estomac ?

Il y a trois routes à prendre :

1° Par-dessus les côtes, à cause des nerfs *intercostaux* ;

2° Par-dessus le côté gauche et le côté droit de la poitrine, à cause du nerf *vagus* et *phrenicus* ;

3° En suivant le larynx, à cause du nerf *sympathique, grand rosaire*.

182. Laquelle de ces manières agit avec le plus d'énergie ?

La troisième, puisque le nerf *grand sympathique*, par ses nombreuses ramifications, est le moteur de tout ce qui se passe dans les entrailles.

183. Comment faut-il magnétiser dans les spasmes locaux ?

Ceci est renvoyé à la table qui est à la fin de ce livre.

184. Y a-t-il encore d'autres espèces de passes ?

Oui, il y a encore beaucoup d'autres manières

de faire les passes, selon les différents dérangements individuels des fonctions des entrailles et du système sanguin. Il faut combiner ces passes selon les différentes affections : c'est ce dont il sera question plus loin. Les combinaisons doivent être laissées au jugement du magnétiseur.

185. Comment en général peut-on provoquer les crises ?

En tenant la plante des pieds pendant neuf minutes.

186. Comment cela se fait-il ?

La meilleure manière est la suivante : Le magnétiseur prend les pieds du malade, place la paume de sa main droite contre la plante du pied gauche du malade, la paume de sa main gauche sur l'autre plante, de façon que les doigts de chaque main se trouvent contre les doigts des pieds.

§ 4e. — Du malade.

187. A quoi peut-on reconnaître si un malade a des dispositions pour le traitement magnétique, et si le magnétiseur est *suffisant* pour le cas qui se présente ?

Le malade qui a de bonnes dispositions aime à se trouver près du magnétiseur, à lui donner la main, et tourne vers lui la partie malade de son corps. Au contraire, s'il se détourne et s'éloigne, cela prouve toujours qu'il manque au magnétiseur une connaissance *exacte* de la maladie, la tranquillité et l'énergie nécessaires.

188. La tranquillité chez le malade est-elle nécessaire pour pouvoir obtenir un effet salutaire ?

Sans aucun doute. Il faut avoir soin que le malade ne soit pas troublé par des oisifs et des étrangers; il faut aussi éloigner tout ce qui peut exciter la peur ou une émotion quelconque. Les allées et venues des domestiques et les visites doivent être interdites.

189. Doit-on séparer entièrement et tout à coup le malade de son entourage?

Non, on ne le privera qu'avec beaucoup de prudence de son entourage et de ses habitudes. Le contraire pourrait causer une irritabilité et une sensibilité très-nuisibles.

190. Peut-on permettre à toutes les personnes de voir magnétiser ?

Non, les personnes délicates et irritables doivent être éloignées pendant la magnétisation, à cause de leur susceptibilité.

191. Ne peut-il point encore y avoir d'autre influence nuisible pendant la magnétisation?

L'*approche* et l'*occupation* des spectateurs. Telle présence peut être bienfaisante si la personne est agréable au malade, malfaisante si elle lui déplaît.

192. Comment appelle-t-on cela ordinairement?

Sympathie ou antipathie.

193. Quelle est l'action de la joie ou de la frayeur sur le malade ?

La joie hâte la convalescence; la frayeur et la peur la retardent

194. A quoi reconnaît-on, chez le malade, le développement et l'élévation de l'état spirituel ?

A la diminution de l'activité corporelle.

CHAPITRE IX.

MÉDICAMENTS MAGNÉTIQUES.

§ 1er. — Des remèdes magnétiques.

195. Dans le traitement magnétique, donne-t-on des médicaments aux malades ?

On ne doit se servir de médicaments que sur une indication précise de la maladie, ou si le malade s'en est ordonné dans son sommeil magnétique. Cependant quand un malade est habitué depuis des années à certains remèdes, il n'est pas toujours prudent d'en interdire tout à coup l'usage qui leur est souvent devenu aussi nécessaire que la nourriture.

196. Existe-t-il des médicaments magnétiques?

Il y en a plusieurs, entre autres : la valériane, les raves, le sureau, etc. La rose est aussi un végétal pénétré de vigueur magnétique.

197. Les *paquets* et les *chaises magnétisés* sont-ils des remèdes magnétiques ?

C'est par erreur que jusqu'à présent ils ont été considérés comme tels. Ces objets ne sont pas la *cause* des *effets* qui se produisent. C'est l'esprit *seul* du malade qui est *atteint, subjugué* au moyen de ce *paquet* ou de cette *chaise magnétisée, par l'esprit* du magnétiseur.

198. Le regard et la parole sont-ils *nuls* dans le traitement magnétique ?

Au contraire, le regard et la parole sont les agents magnétiques *les plus puissants*, comme agissant le plus directement sur l'âme.

199. Est-ce la fleur ou le papier ou tout autre *paquet magnétique* dont on peut se servir, qui *fait* le rapport magnétique ?

Non, le rapport s'établit par la *force de la volonté* du magnétiseur et du magnétisé, puisque, je l'ai déjà dit, *la force magnétique ne peut aucunement être exercée par un corps inanimé.*

200. Quel effet produit ordinairement une glace ?

Il en résulte ordinairement des spasmes chez les personnes magnétiques. Le verre et le vif-argent étant deux corps électriques, la personne magnétique qui se regarde dans un miroir voit sa *force magnéti-*

que s'y répercuter, et cette répercussion cause une concentration.

201. Pourquoi des personnes âgées se fortifient-elles par la vie commune avec des jeunes gens ?

A cause de la force magnétique qui s'exhale plus abondamment d'un sang plus jeune. Si on est encore vigoureux, on a donc plus de force pour magnétiser. C'est pourquoi il faut que le magnétiseur ait toujours un sang *pur* et *sain* pour que l'effet magnétique soit *convenablement actif*.

202. La vie commune et le partage du lit avec des personnes bien portantes, sont-ils un avantage pour des individus faibles et maladifs ?

Oui, cette habitude a de bons résultats, à cause des exhalaisons d'un corps jeune et sain, qui sont *aspirées* par *la peau* des individus infirmes et faibles.

203. La musique est-elle un remède magnétique ?

Employer avec discernement la musique dans des spasmes violents est un remède excellent ; seulement il faut choisir avec tact les airs qu'on devra faire exécuter, afin que les malades en y portant leur attention ne s'en trouvent pas effrayés. Car, dans ce cas, la force magnétique se concentre *faussement et avec rapidité*, et produit des *spasmes violents* d'une nature autre que ceux que l'on attendait.

§ 2ᵉ. — Plantes médicinales magnétiques.

204. A quoi reconnaît-on qu'une plante est magnétique?

A l'assoupissement qu'elle produit.

205. Comment, par exemple, l'infusion de la valériane agit-elle magnétiquement?

Elle attire la force magnétique vers l'estomac; celui-ci étant proche du plexus solaire, il en résulte que les crampes diminuent.

206. Comment agit l'infusion de sureau et pourquoi?

La force magnétique qu'elle renferme nous fait transpirer, agit sur les nerfs et amène le sommeil.

207. Pourquoi la fleur de sureau est-elle magnétique?

Parce que l'époque de sa floraison est le moment où le soleil répand le plus de magnétisme sur la terre, qui, à cette époque aussi, l'attire également avec plus de force. Les fleurs qui naissent dans cette saison sont donc plus magnétiques que celles qui fleurissent au printemps et à l'automne.

208. Quel genre de remède offre l'ortie?

L'ortie est électrique.

§ 3ᵉ. — De l'eau.

209. A quoi reconnaît-on que l'eau est magnétique ou électrique?

Aux animaux qui s'y trouvent : Ainsi les poissons et leurs eaux sont magnétiques ; les vers et leurs eaux sont électriques.

210. Comment magnétise-t-on ordinairement l'eau ?

L'eau se magnétise à un demi-pouce au-dessus de sa surface, car il faut que la vigueur magnétique soit attirée, recueillie dans l'eau.

211. Comment magnétise-t-on faiblement l'eau ?

On pose le verre sur le plat de la main gauche allongée ; on le couvre avec les doigts *allongés* de la droite et resserrés, puis après on descend par les doigts de la main gauche, et au-dessous.

212. Comment magnétise-t-on plus fortement l'eau ?

Avec les mêmes passes ; seulement, il faut avoir les doigts des deux mains séparés l'un de l'autre.

213. Comment magnétise-t-on l'eau le plus fortement possible ?

De la même manière ; seulement, quand on a les doigts écartés et au-dessus du verre, on regarde et on souffle dans l'eau : car le souffle et le regard réveillent et augmentent la force magnétique.

214. Comment peut-on reconnaître l'*effet physique* qui s'est opéré dans l'eau magnétisée ?

Avec le secours du microscope solaire, on découvre : 1° Que l'eau qui ne contenait pas d'infusoires en renferme après la magnétisation, et que celle qui en avait avant les montre dans un état assoupi.

2° De plus l'eau magnétisée *déiodise* tout aussi bien les plaques daguerréotypes, que le fluide galvanique.

215. Comment et sur quoi agit l'eau magnétisée?

Elle agit principalement sur la nourriture, en *spiritualisant*, pour ainsi dire, toute cette nourriture.

216. Pourquoi, en magnétisant l'eau, faut-il que la main soit tenue au-dessus?

Parce que si l'on y plongeait les doigts, la force magnétique de l'eau passerait dans la main et l'eau magnétisée n'aurait plus de puissance.— *Tout ce qui doit s'attirer doit être tenu à distance.*

217. Pourquoi couvrir le verre avec la main quand on magnétise l'eau?

On le couvre ainsi pendant quelques secondes, afin que le magnétisme se *lie* et se *partage* dans l'eau d'une manière *égale*.

218. Que produisent les passes et leur interruption sur le courant magnétique, dans l'eau?

Elles éveillent la vigueur magnétique : c'est pourquoi, si on veut lui donner encore plus de force, il faut pour cela lancer le fluide sur l'eau avec les doigts.

219. Les sujets magnétiques aiment-ils l'eau magnétisée ?

Presque tous ceux qui ont été traités par le magnétisme aiment l'eau magnétisée, et en boivent en grande quantité comme remède universel, ce qui leur est très-avantageux.

220. Quel résultat obtient-on en humectant des graines avec de l'eau magnétisée?

Cette graine pousse plus tardivement, mais produit de plus belles plantes et de plus beaux fruits.

CHAPITRE X.

RÉSULTATS DU TRAITEMENT.

§ 1ᵉʳ.—Des Crises.

221. Le traitement magnétique provoque-t-il des crises?

Oui, et ce sont toujours des crises salutaires.

222. Quelles sont les crises qui sont la suite du traitement magnétique?

Toutes les maladies, même les chroniques, résident dans un organe ou plusieurs et se résolvent toujours sous le traitement magnétique par les issues naturelles ou par des issues semblables à celles qui dans les maladies des organes supérieurs *forment* la maladie chronique.—Ainsi la goutte vient après de longs maux de tête, les dartres, les éruptions ou les abcès se montrent après les maladies de poitrine.—Il faut que le magnétopathe surveille ces crises, car elles indiquent le siége de la maladie et en annoncent la fin.

223. Quelles sont les formes sous lesquelles se révèlent les crises magnétiques dans les maladies de nos différents organes ?

Chaque crise a son apparence particulière. Ainsi, dans les maladies de la tête, les crises se révèlent par des agitations, des spasmes, des fièvres, des écoulements des yeux, du nez et des oreilles. Dans les maladies de la poitrine et des poumons, les crises s'annoncent par des dartres, des scrofules, par la goutte, les rhumatismes qui se résolvent par la transpiration et le catarrhe. Dans les obstructions des intestins, du bas-ventre, dans l'hydropisie elles se font connaître et se résolvent par les diarrhées et l'urine critique. Ainsi toutes les maladies chroniques et leurs symptômes, comme les pertes de sang, la pituite, les éruptions à la peau et même les abcès doivent toujours être considérées comme des *transpositions* critiques de la maladie interne.

224. Qu'y a-t-il de remarquable dans les maladies critiques ?

C'est que des maladies qui jadis avaient été pour ainsi dire habituelles reparaissent alors avec les mêmes symptômes qu'elles avaient auparavant. On peut dire qu'en général les affections anciennes, *ramе-*

nées *par le magnétisme,* se remontrent de nouveau pour disparaître peu à peu sous différentes transformations critiques qui rejettent enfin le mal hors de l'économie et rendent la santé à l'organe affecté.

225. Que faut-il faire si la crise veut s'opérer par un sommeil magnétique?

Si le sommeil veut s'emparer du malade, il faut alors lui donner de l'eau magnétisée à boire, pour soutenir ce sommeil et rendre la crise complète.

§ 2e.

226. La magnétisation amène-t-elle toujours des effets magnétiques?

En magnétisant *méthodiquement,* il survient certainement tôt ou tard, dans les maladies réelles, des effets sensibles. Il n'est même pas rare de les voir apparaître tout à coup, chez des personnes bien portantes que l'on magnétise. Cependant, si quelquefois, à la suite d'une longue magnétisation, on ne voit point d'effet apparent, on n'en doit pas moins être certain que chaque passe a agi aussi certainement que celles que l'on peut faire avec un aimant sur le fer que l'on aimante.—Car chaque passe magnétique influe *nécessairement* sur les vaisseaux sanguins et sur les nerfs.

227. Que résulte-t-il de cette agitation des vaisseaux sanguins et des nerfs?

Il en résulte d'abord une plus grande vigueur dans les muscles ; leur mouvement en devient plus libre et plus léger, la respiration plus égale et la force régénératrice plus grande; de plus avec une circulation régulière dans tous les organes, cette *élévation* donne un meilleur appétit et favorise la digestion. Les catarrhes et les affections de poitrine rhumatismales disparaissent par une transpiration générale, causée par cette *élévation,* que l'on obtient en posant quelques minutes la main sur la poitrine et en faisant quelques passes magnétiques. Dans les hydropisies, elle occasionne de violentes diarrhées et augmente promptement la force du malade.—L'augmentation de la sécrétion urinaire appartient aux crises ordinaires.

228. La magnétisation ne produit-elle pas aussi quelquefois une faiblesse dans les vaisseaux sanguins et dans les nerfs?

Oui, il arrive assez souvent une lassitude, une pesanteur, une gêne et des tiraillements dans les membres, de l'inaction, de la faiblesse et de l'épuisement, des bâillements et une respiration pénible, une oppression dans le bas-ventre avec toute espèce de dérangements. La circulation dans les nerfs sanguins (système végétatif) est aussi troublée, et de là, il résulte toutes sortes de désordres et de désharmonies, comme des agitations fiévreuses, des émotions et des congestions de sang dans diverses parties locales.—Tout cela ne sont que des spasmes, comme le démontre toujours le pouls magnétique.

229. Ces symptômes critiques se montrent-ils seulement après la magnétisation ?

Souvent ils arrivent aussi pendant la magnétisation. Dans tous les cas, ils diminuent bientôt, prennent une forme agréable et deviennent toujours de plus en plus faibles, selon les circonstances de temps, d'influence, etc., et jusqu'à ce qu'une complète guérison s'ensuive.

230. N'arrive-t-il pas quelquefois que l'état de lassitude se transforme en évanouissement et en sommeil ?

Cela se rencontre assez souvent. Mais cet état, toutefois, dure rarement plus d'une heure, et le plus souvent on voit les malades en sortir vigoureux, satisfaits et tranquilles.

III

DES SPASMES.

CHAPITRE XI.

DES SPASMES EN GÉNÉRAL.

§ 1er. — Origine des Spasmes.

231. Qu'est-ce qu'un spasme ?

Le spasme est causé par un fluide pour ainsi dire *venteux* qui naît de la maladie des nerfs ou du sang, et se jette sur certains nerfs où il produit des agitations involontaires des muscles. C'est cette *agitation des muscles* que l'on appelle ordinairement *spasme*, mais qui n'est qu'un *effet* du spasme qui veut se dégager.

232. Combien y a-t-il de sortes de spasmes ?

Relativement à leur *origine*, il y en a de deux sortes, les spasmes *nerveux* et les *sanguins;* relativement à leurs *effets*, il y en a également de deux sortes, les *externes* et les *internes*.

233. Aussitôt qu'il est formé, le spasme produit-il des agitations sur les muscles?

Non, la cause des spasmes peut se trouver dans le sang ou sur les nerfs, sans se développer. Il peut même rester ainsi pendant des années chez l'homme, sans que l'on s'en aperçoive.

234. A quoi reconnaît-on les spasmes nerveux des sanguins?

Quant à leur apparence, on ne peut les distinguer. La différence consiste seulement en ce que les spasmes nerveux existent seulement chez les personnes magnétiques, et ceux du sang, chez les personnes électriques, et que les premiers sont plus faciles à résoudre.

235. Comment distingue-t-on les spasmes externes des internes?

C'est que les spasmes internes font souffrir le malade sans agiter ses membres par la douleur, tandis que les externes agissent sur les membres jusqu'à leur faire faire quelquefois des mouvements extravagants, et développent chez eux toutes sortes de facultés extraordinaires des muscles et de l'esprit. Mais ces facultés de l'esprit dégénèrent quelquefois en folie.

236. Quels sont les spasmes les meilleurs pour les malades?

Ce sont toujours les externes. C'est pourquoi il

faut presque toujours transformer les spasmes internes en externes.

237. Comment obtenir cette transformation ?

En faisant des passes sur les nerfs à partir du siége de la souffrance, jusqu'au membre où l'on veut que s'opère le spasme externe ; ou bien en forçant quand même le malade à rire et à badiner.

238. Quand ne faut-il point transformer les spasmes internes et les laisser au contraire là où ils sont?

C'est lorsque l'état est somnambulique.

239. Qu'a-t-on alors à observer ?

On a seulement alors à *soutenir* le malade avec force, parce qu'ici les douleurs sont nécessaires pour élever l'esprit.

240. Comment soutient-on le malade en pareil cas

1º Par la simple présence ;

2º En appliquant *d'abord* les mains, *puis* en mettant le bout des doigts sur le creux de l'estomac.

241. Qu'a-t-on principalement à observer à la fin de ces spasmes ?

Il faut avant tout s'assurer si la personne est magnétique, oui ou non.—Si elle n'est pas magnétique, si ce ne sont que de simples spasmes, alors on peut la quitter aussitôt que ceux-ci ont disparu. Si, au contraire, le sujet commence à entrer dans l'état magnétique, c'est au moment même où finissent les spasmes qu'il faut lui demander s'il a quelque chose à dire ou à prescrire.

242. Que doit savoir et à quoi doit réfléchir le magnétiseur pendant les spasmes du malade?

Il doit savoir et se rappeler que dans ces moments de souffrance, l'esprit du malade fait un double travail. D'abord le malade s'occupe de tout autre chose que de ce qu'il dit ou de ses douleurs; c'est alors qu'il se complaît dans des rêves que son esprit se pose à lui-même, et il ne pense à ce que *veut* le magnétiseur que parce que celui-ci l'a *ordonné*.

243. Comment soutient-on les spasmes externes ou visibles?

On observe tranquillement le spasme que la nature produit ou désire produire et on laisse chacun des spasmes *durer* près de dix minutes. Alors seulement, on fait des passes sur la partie souffrante, et par ce moyen on *délie* le spasme.

244. Que fait-on si l'on voit que la nature désire un spasme, par exemple certains mouvements des muscles, des bâillements, des pleurs, etc., et ne peut y parvenir?

Dans ce cas, on *démontre* au malade la forme du spasme ou on raconte quelque chose en analogie avec le spasme qui veut se produire, et à l'instant la nature obéit et fait naître le spasme.

245. Quels sont les spasmes électriques?

Ce sont ceux qui ont leur origine dans le sang et sortent du sang.

246. Comment distingue-t-on les spasmes électriques des spasmes magnétiques ?

En ce que les spasmes magnétiques finissent, le malade ayant les extrémités *froides*, tandis que les spasmes électriques se terminent, le sujet ayant les extrémités *chaudes*.

247. Qui peut troubler le spasme ?

Les qualités personnelles des assistants, et surtout la présence d'individus malades.

§ 2e.—Spasmes nerveux et sanguins comparés les uns aux autres.

248. Les spasmes nerveux et les spasmes sanguins sont-ils de même nature ?

Les premiers sont magnétiques, les autres sont électriques.

249. Quelle est la principale différence dans l'apparition des spasmes nerveux et celle des spasmes sanguins ?

C'est que les spasmes nerveux se montrent par des *tiraillements* des membres, et les autres par des *secousses*.

250. Qu'y a-t-il principalement à observer par rapport aux spasmes nerveux et aux spasmes sanguins ?

C'est que les spasmes nerveux doivent être entretenus et dirigés, parce qu'ils ont toujours un résultat salutaire, et que les autres doivent être supprimés et empêchés, parce qu'ils infectent toujours davantage le sang.

251. Quelle est la différence entre les spasmes sanguins et les nerveux, par rapport à la manière dont ils se délient, et quant à leurs conséquences.

Les spasmes sanguins se délient par les éructations, les bâillements, les pleurs; ceux des nerfs se délient par un frémissement général des nerfs. En général les premiers ont pour conséquence des excrétions et des expectorations; les seconds, des éruptions granuleuses à la peau; les premiers sont accompagnés d'une chaleur intérieure et causent des oppressions dans la poitrine ainsi que des spasmes suffocants; les derniers sont accompagnés de torsions et de contractions des membres et de spasmes externes; les *sanguins* indiquent une santé plus ou moins débile dans le sang; les *nerveux*, une maladie des nerfs. Les personnes qui ont des spasmes sanguins s'emportent facilement; celles qui ont des spasmes nerveux sont plus patientes. Les spasmes sanguins se renouvellent par le défaut de diète et les passions; les spasmes nerveux, par les emportements du cœur; le moindre degré des premiers sont d'abord les émotions, et le plus élevé les spasmes crampoïdes; le moindre degré dans les derniers est l'irritation des nerfs, le plus élevé est un spasme d'engourdissement.

252. A quelle espèce appartiennent les spasmes épileptiques ?

Tous les spasmes épileptiques sont sanguins. C'est pour cela que par le magnétisme ils sont plus difficiles à guérir que les spasmes nerveux, qui tous cèdent facilement à son influence.

CHAPITRE XII.

JUGEMENT SUR LA MALADIE DES SPASMES.

§ 1er.— Remarques générales pour le Magnétiseur.

253. Que doit faire le magnétiseur dans les spasmes ?

Il faut qu'il leur aide à se développer d'une manière régulière par des passes méthodiques magnétiques.

254. Qu'y a-t-il en général à observer dans tous les spasmes ?

C'est qu'ils sont toujours accompagnés d'une correspondance sympathique et nerveuse des cinq sens, c'est-à-dire que tous les spasmes commencent toujours par la peur (sens du sentiment), continuent par une affection de la vue (sens de la vue), puis de l'ouïe (sens de l'ouïe), enfin de l'odorat et du goût (les deux derniers sens), ce qui indique la fin du spasme.

255. Quelle est la cause principale de l'origine des spasmes?

Ce sont les affections exagérées, et chez les jeunes gens, le développement.

256. Dans ces cas différents, des traitements différents sont-ils nécessaires?

Non, car désordre est désordre, quelle que soit la cause qui le produit.

257. Qu'y a-t-il à remarquer à l'égard de l'activité du cœur dans l'intervalle des différents spasmes du malade?

L'activité du cœur et de l'esprit doit être toujours dirigée pendant l'intervalle des spasmes. Sans cela, la force se concentrerait faussement par de fortes animations et produirait de nouveaux spasmes inutiles.

§ 2e.—Du Traitement des Spasmes.

258. Qu'y a-t-il à observer en général dans le traitement des spasmes?

Il faut juger s'ils sont utiles ou inutiles, par conséquent si on doit les faire cesser oui ou non, et quand on doit le faire.

259. Doit-on venir en aide aux spasmes et comment?

Il faut laisser agir les spasmes et diminuer seulement les plus fortes accumulations. Les passes égalisantes ne doivent être faites que dans de grandes souffrances seulement, et quand il n'y a pas d'amélioration par ce spasme seul; alors, on peut diriger les passes magnétiques par-dessus tout le corps; de la sorte, les spasmes deviennent plus doux, et peu à peu ne reparaissent plus, ou bien la plupart se réunissent, rarement toutefois, et lors ils se montrent avec une plus grande violence, deviennent plus magnétiques, et il se fait de plus grandes accumulations dans les plexus des nerfs; ensuite, il se forme des spasmes d'engourdissement ainsi que d'autres magnétiques, mais qui se laissent toujours facilement délier, peu à peu, jusqu'à ce qu'enfin ils se dissipent totalement; ce qui arrive quand le spasme a complètement porté le fluide nerveux magnétique dans tous les nerfs, jusqu'aux plus déliés.

260. A quels spasmes doit-on laisser toute leur *violence* ?

A tous en général, afin qu'ils puissent *sortir*. Sans cela, ils restent comprimés dans la poitrine ou dans la tête, et forment des hystéries, des maladies de poitrine, de cerveau, etc.

261. Y a-t-il des spasmes que l'on doive empêcher ?

Oui, ce sont ceux du sang et les épileptiques.

262. Comment peut-on *empêcher* ou *aider* un spasme ?

On aide le spasme *à sortir* en l'excitant tous les

jours ou tous les deux jours, à des heures fixes, et en donnant de l'eau magnétisée à boire au malade ou en magnétisant ce dernier.—On les *empêche* ou on les *supprime* quand on les égalise par des passes générales *avant l'heure* où ces spasmes ont la coutume de paraître.

263. Comment magnétise-t-on pour aider aux spasmes?

On les suit en faisant des passes sur la tête, et se servant principalement, *selon le sens affecté*, du doigt correspondant à ce sens, et en prévenant le spasme d'une station (considérez les cinq sens comme cinq stations), et par ce moyen on les *égalise* et on les *lie*. Par exemple : le malade a peur, il faut faire des passes avec *le doigt du sens* de la vue sur le point magnétique de ce sens, etc.

IV

DU SOMNAMBULISME.

CHAPITRE XIII.

DU SOMNAMBULISME EN GÉNÉRAL.

§ 1er. — **Théorie principale.**

264. Qu'est-ce que le somnambulisme?

Le somnambulisme est *un tiers-état* du corps, dans lequel l'esprit, par l'exaltation de l'âme, est en relation telle avec le corps, qu'il possède des facultés d'une espèce différente et d'un degré supérieur et presque infini.

265. Quel est l'état du corps dans cette situation de l'esprit?

Le corps est beaucoup plus abandonné à la *nature universelle* et plus vivement agité par les rêves que dans le sommeil ordinaire, et les fonctions de ses différents organes sont alors régies par des règles toutes particulières, qui, quelquefois, pourraient faire supposer que, dans cet état, l'esprit est séparé du corps.

266. Par quel moyen l'esprit agit-il dans l'état somnambulique ?

Par le magnétisme ; par la concentration du magnétisme des nerfs de la vie organique, animale, locomotrice et sensitive dans les principaux centres (réseaux) spéciaux à chaque fonction.

267. Combien y a-t-il d'espèces de somnambulisme ?

Deux sortes : le *somnambulisme du cœur*, et *celui du cerveau*.

268. Quelle différence y a-t-il entre ces deux états ?

C'est que le somnambulisme du cœur ressemble plus à la vie matérielle, et que le somnambulisme du cerveau est *toujours* plus exalté et permet de *voir* plus clair.

269. Qu'est-ce que *voir clair ?*

Voir clair, ce n'est pas voir dans l'acception ordinaire du mot, c'est rêver. Seulement dans l'état de somnambulisme, on peut *davantage ajouter foi* aux rêves.

270. Que sont les somnambules comme personnes ?

Ce ne sont que des individus qui, dans la maladie de somnambulisme, en sont venus par une exaltation de l'âme, à posséder un esprit élevé qui est ordinairement plus ou moins divinatoire, selon que cet état vient du cerveau ou du cœur.

271. D'où vient le somnambulisme du cerveau et celui du cœur?

Suivant que le courant nerveux est accumulé dans l'appareil du cerveau ou au creux de l'estomac.

272. Quelles sont les causes des manifestations du somnambulisme?

Pour arriver à un degré quelconque de somnambulisme, il faut ou avoir beaucoup souffert des nerfs auparavant, ou être en ce moment affecté d'une grave maladie ou en avoir seulement le principe.

273. Combien y a-t-il de degrés de sommeil dans l'état somnambulique?

Il y en a *sept*. Mais il arrive qu'ils s'entre-mêlent tellement, ou que le malade passe si promptement de l'un à l'autre, qu'il faut être magnétiseur *exercé* pour les pouvoir distinguer. Ces différents degrés doivent toujours être observés attentivement, de même que toutes les questions à poser au malade doivent être dirigées selon *ces phases* du somnambulisme.

274. Quelle est la différence entre les somnambules *spontanés* et les somnambules *artificiels*?

C'est que chez les premiers, c'est *leur nature seule* qui produit l'effet somnambulique, et que chez les seconds, c'est le magnétiseur qui *agit sur eux*.

275. Quelle différence y a-t-il entre le somnambulisme artificiel (crise) et le somnambulisme spontané?

La différence est que ce dernier état est un

sommeil plus profond et plus long, et, par conséquent, plus difficile à diriger pour le magnétiseur. Mais quant aux apparences, c'est absolument la même chose, soit que l'individu dorme pendant quelques minutes ou pendant un laps de temps plus ou moins long.

276. Pourquoi les somnambules se trompent-ils si souvent?

Parce qu'en les questionnant sur des objets autres que ceux qui les occupent, on les égare facilement.

277. Que nous enseigne l'état de somnambulisme?

Il nous montre les facultés immenses de l'esprit humain et le pouvoir de son développement infini.

278. Ne doit-on pas, d'après cela, désirer l'état de somnambulisme et s'efforcer de le produire?

Non, car c'est seulement en se développant naturellement et sans y être forcé que le sommeil révèle cette véritable lucidité qui succède à l'instinct des besoins de la nature, et augmente la faculté du somnambule pour les conseils et les prescriptions, sans qu'on ait à craindre des suites nuisibles à la guérison elle-même.—Tout ce qui est forcé dans la nature donne toujours de faux résultats.

279. Pourquoi l'état somnambulique se présente-t-il plus rarement chez les hommes que chez les femmes?

Parce que les muscles sont plus forts chez les

hommes, et que, par suite, le lien qui unit l'esprit au corps les rattache de telle manière, qu'il leur devient plus difficile d'agir séparément. Chez la femme, au contraire, l'esprit et le corps ne sont point si solidement unis. Aussi se présente-t-il des conditions où l'esprit est capable de se séparer presque du corps et de continuer néanmoins à vivre, mais dans une sphère bien plus élevée. *C'est le cas du somnambulisme.*

280. Quel est le moyen d'arriver à cet état de *crises spirituelles?*

Le *meilleur* moyen sont les *spasmes.*

281. Pourquoi les somnambules transpirent-ils quand la lune agit fortement sur la terre, ou bien dans des temps orageux?

Parce que le magnétisme, dans ces cas, réagit contre l'influence de l'électricité.

§ 2ᵉ. — De l'élévation d'esprit des Somnambules.

282. L'élévation de l'esprit dans l'état somnambulique est-il un fait qu'on doive considérer comme tout-à-fait étrange?

Déjà dans le rêve, il semble que l'âme parle une autre langue, et que la direction des idées prenne une marche et un essor beaucoup plus élevé et plus rapide que dans l'état de veille (où nous pensons avec des mots). Ainsi tel travail qui pour nous, étant éveillés, demanderait une journée entière, est achevé en peu d'instants dans l'état somnambulique.

283. Notre tendance d'esprit, nos désirs, pendant l'état de veille, ont-ils une influence sur nos capacités somnambuliques?

Le somnambulisme ayant *encore* la faculté de pressentir les événements futurs, il suit de là que nos intentions pendant l'état de veille ont une forte influence sur nous à l'état somnambulique.

284. Combien y a-t-il de principaux caractères dans le sommeil somnambulique?

Il y en a trois : 1° L'un se distingue par une occupation taciturne avec soi-même ; nous l'appelons *sommeil profond*. 2° L'autre est en relation avec le monde extérieur et a, pendant le sommeil, une ressemblance avec l'état de veille ; on l'appelle *sommeil éveillé*. 3° Le dernier a, dans le sommeil encore, un autre sommeil plus profond dans lequel il développe les capacités de rechercher ou de juger les maladies, de faire de la poésie ou de révéler, etc.; on appelle cet état *haut sommeil*.

285. Quels sont les sept degrés du sommeil magnétique?

Le premier degré est le *passage* du sommeil ordinaire au sommeil magnétique, *passage* ou *premier sommeil*, reconnaissable à de petits symptômes magnétiques, tels que bâiller, s'allonger, frissonner, etc.— Le deuxième degré est le *réveil intérieur*, reconnaissable au changement de physionomie, à l'animation et au maintien du corps.—Le troisième degré a lieu lorsque le malade cherche à *s'attacher au monde extérieur* par des envies de parler, ce qui est reconnaissable aux mouvements de la bouche et aux muscles du cou. —Le quatrième degré est le *sommeil profond* dans lequel le corps se replonge de rechef comme une masse, ainsi que dans un sommeil léthargique; soit avec des visions et des rêves *exaltés*, soit avec ou sans paroles. —Le cinquième degré et le *voir-clair*, état dans lequel les autres capacités se perfectionnent plus ou moins, avec des mouvements plus ou moins libres du corps. —Le sixième degré est le *haut sommeil*, état dans lequel il s'élève par l'immobilité complète des membres, où il répond à tout ce qu'on lui demande et dit ce qu'il a vu d'une voix faible et caverneuse.—Le septième degré est *l'extase*, état dans lequel l'esprit a des visions, que le somnambule traduit involontairement par une pantomime théâtrale, et où il ne lui échappe que de rares paroles.

286. Le *voir-clair* peut-il s'obtenir *habituellement* au moyen de règles sûres et fixes?

Non, ce n'est que dans des cas rares, avec une *direction savante*, ou par la répétition des causes de l'apparition, que l'on peut produire de nouveau les derniers degrés du somnambulisme, c'est-à-dire la *lucidité et l'extase*.

287. Doit-il paraître étrange qu'un somnambule puisse se tromper?

Un observateur sensé ne peut trouver cela étrange, puisque chez les somnambules, cet état n'est qu'une exaltation et *non une inspiration divine.*

288. Une activité spirituelle plus élevée se manifeste-t-elle toujours dans l'état somnambulique?

Dans toutes les espèces d'inspiration, les forces de l'âme se montrent à un degré plus élevé que dans l'état ordinaire; et plus le degré du *voir-clair* est *supérieur*, plus on peut ajouter foi aux paroles du somnambule. Dans les états inférieurs de somnambulisme, au contraire, le sujet *se sert lui-même* de phrases métaphoriques, *ce qui prouve que son esprit voit peu clair.*

289. Quelles sont les personnes les plus sujettes aux illusions?

Ce sont les somnambules qui ne peuvent entrer dans ce *profond sommeil.* Chez ces individus, les visions sont nombreuses; ils sont sujets aux hallucinations, aux apparitions de spectres, de fantômes, etc.

290. Comment *perçoit* le somnambule dans son état magnétique?

Percevoir, dans l'état somnambulique, *consiste seulement dans la réflexion.* C'est pour cela qu'il est facile à l'esprit de donner l'explication d'un fait quand même il serait éloigné de cinq ou de cinq cents lieues. *C'est un songe sur l'objet en question;* mais l'explication tient beaucoup à l'intelligence du *voyant;* ainsi un *homme plein d'esprit* devient un *voyant plein d'esprit.* Par exemple : si tel somnambule ne lit pas aussi bien un jour que l'autre, *cela ne tient pas à la lecture,* mais cela vient de ce qu'il ne peut pas aussi bien *méditer* ce jour-là.

CHAPITRE XIV.

DU SOMNAMBULISME DANS SES DIFFÉRENTS ÉTATS.

§ 1ᵉʳ. — Du Somnambulisme du cerveau et de celui du cœur.

291. Comment distingue-t-on les somnambules du cerveau de ceux du cœur?

On reconnaît les somnambules du cerveau aux spasmes de la tête et surtout des yeux, ainsi qu'au sommeil profond, et à ce qu'ayant les yeux ouverts, ils ne voient quelquefois pas clair.—Les somnambules du cœur ont des douleurs au creux de l'estomac, transpirent en cet endroit et n'ont pas le sommeil profond.— En un mot, les premiers souffrent davantage de la tête et les autres de l'estomac.

292. Quelle différence y a-t-il entre les deux?

C'est que les somnambules du cerveau s'occupent plus de sujets spirituels, et que ceux du cœur fixent davantage leur attention sur des sujets matériels.

293. Quel est le principal signe et le caractère distinctif qui existe entre les deux?

C'est que dans le sommeil et les spasmes, les somnambules du cerveau ont les yeux tournés en haut, et que les autres les ont en bas. De plus, les premiers ont les mouvements moins libres, c'est-à-dire plus raides.

294. La force magnétique est-elle plus grande chez les somnambules du cerveau que chez ceux du cœur?

Elle est plus grande chez ceux du cerveau, parce qu'elle est *plus purifiée*; puisqu'*il faut* que le sujet ait beaucoup travaillé de cœur et d'esprit pour purifier son magnétisme des désirs et des sentiments matériels (électriques).

295. A quel genre somnambulique appartiennent la plupart des hommes?

Le plus grand nombre est naturellement somnambule du cœur.

296. Pourquoi l'état somnambulique dure-t-il plus longtemps chez les somnambules du cerveau que chez ceux du cœur?

Parce que le cours du sang empêche davantage la force magnétique de se concentrer chez les somnambules du cœur.

297. Les somnambules du cœur sont-ils sujets à plus d'illusions que ceux du cerveau?

Oui.

§ 2e. — Des différentes espèces de sommeil magnétique.

298. Comment le sommeil magnétique se manifeste-t-il, et comment peut-on le reconnaître?

Le sommeil magnétique s'annonce pendant la magnétisation par une lassitude générale, un assoupissement, des bâillements et un tiraillement dans les membres, jusqu'à ce qu'enfin les yeux se ferment. Chez les somnambules spontanés, la crise commence ordinairement par des spasmes dans les membres, après quoi le corps devient peu à peu tranquille et immobile.

299. Pourquoi le *haut sommeil* est-il plus lucide dans un temps serein?

Parce que la force du soleil ne peut pas aussi bien influer par un temps couvert.

300. Qu'a-t-on à observer au sujet du *profond sommeil*?

Le *profond sommeil* peut continuer en été, souvent deux jours et même davantage; en hiver, il ne dure pas aussi longtemps. Cela tient beaucoup aussi à la position du lit.

301. Qu'a-t-on à observer dans le *sommeil profond?*

Quand il est paisible, il faut le respecter; quand

il est agité et surtout quand l'individu transpire, il faut tâcher de faire changer ce sommeil, en le transformant en un autre sommeil, supérieur ou inférieur.

302. Comment s'opère la transition d'un degré de sommeil à l'autre ?

Toujours par un sommeil transitoire, court ou long, selon l'importance de la phase qui doit suivre.

303. Ces deux états de veille et de sommeil sont-ils *toujours* précisément distincts ?

Non, car il y a quelquefois chez des somnambules des états qui tiennent de la veille et du sommeil. C'est ce qu'on appelle *demi-sommeil*.

304. Qu'y a-t-il à observer à l'égard du demi-sommeil ?

Que la lune produit cet état en diminuant la force du soleil; c'est pourquoi les nuits éclairées par la lune causent des troubles, de l'inquiétude et nuisent aux malades.

305. Qu'y a-t-il encore à observer à l'égard du cinquième et du sixième degré ?

C'est qu'ils sont toujours accompagnés de violents spasmes, par lesquels la force s'égalise ; spasmes qui donnent continuellement de la force aux individus magnétiques, et par là doivent durer aussi longtemps que dure ce degré de sommeil. Cependant il faut les restreindre à une heure par jour, heure pendant laquelle le magnétiseur doit être présent, pour fortifier le malade par sa présence, pour faire *écouler* régulièment les spasmes et dissiper les accumulations du courant magnétique.

306. Entre les deux dernières situations n'y a-t-il pas une situation intermédiaire?

Sans doute, les deux derniers degrés sont toujours mêlés à une situation intermédiaire appelée, comme il a été dit, *demi-sommeil;* état dans lequel les malades se reposent pour ainsi dire de leur élévation spirituelle. Dans cet état, ils sont pour la plupart puérils ou malicieux, pour faire cesser leur exaltation.

307. Cette condition artificielle est-elle difficile à reconnaître?

Elle l'est assez, attendu qu'elle est semblable à l'état ordinaire. Cependant on peut distinguer cet état aux changements qui s'opèrent dans les extrémités (mains et pieds qui chez ces personnes deviennent froids), car si elles étaient dans leur état ordinaire, les pieds et les mains se réchaufferaient par ces mouvements violents.

308. D'où vient donc si souvent cette grande imperfection dans les diverses phases du sommeil magnétique?

Parce que le sommeil magnétique, ainsi que le *voir-clair*, ne sont pas un état régulier comme l'état de veille ordinaire, et que, de plus, ils n'ont pas une stabilité continuelle tant dans la durée que dans la clarté.

309. De quel sommeil est accompagné le septième degré ?

L'extase est toujours accompagnée d'un *sommeil de mort*.

310. Qu'est-ce que le *sommeil de mort?*

C'est un état d'abstraction pensive de l'esprit, qui, comme spasme, précède et suit toujours l'extase.

311. Quels sont les symptômes que l'on observe dans ce *sommeil de mort?*

On remarque des convulsions par tout le corps, les membres se tordent,—c'est horrible à voir,—une froideur mortelle se répand dans tout le corps, surtout aux pieds et aux mains ; les battements du cœur et du pouls sont à peine sensibles, le visage se recouvre d'une teinte livide et prend une apparence cadavéreuse, hippocratique, surtout dans les maladies *très-critiques*.

§ 3e. — **Du Rêve, du Somnambulisme naturel et du Noctambulisme.**

312. Qu'y a-t-il à observer dans le sommeil naturel des somnambules?

Généralement, il faut *peu* laisser dormir les individus extrêmement magnétiques, et *beaucoup* les individus électriques, surtout le matin, afin que dans le premier cas la force magnétique ne se concentre pas, et, dans le second, afin qu'elle se concentre.

313. Quelle est, en général, la cause de la maladie du somnambulisme?

Cette maladie est la suite de certaines autres, telles que la mélancolie, l'hystérie, la catalepsie, l'épilepsie, la chorée, la maladie des vers et les périodes de la croissance et du développement.

314. Le somnambulisme apparaît-il seulement chez les malades?

Non, il se montre aussi dans les rêves ordinaires de personnes bien portantes, mais dans ce cas même il présuppose une disposition désharmonique de tous les organes, puisque en pleine santé le sommeil et la veille se trouvent ainsi dans un changement complet de rapports polaires.

315. Quelle est la cause habituelle des rêves ordinaires?

Une lassitude d'un organe intérieur, causée par un mouvement exagéré pendant l'état de veille. La nature provoque alors une agitation sur d'autres parties des nerfs pour rétablir le tout en équilibre.

316. D'où vient que des amis ont quelquefois le même rêve?

Les rêves appartenant aussi à la vie spirituelle, il s'ensuit que les mêmes pensées et les mêmes rêves peuvent se rencontrer quelquefois en même temps comme un échange communicatif-spirituel-magnétique.

IV.—DU SOMNAMBULISME.

317. Sous quelle influence se manifeste le noctambulisme?

Principalement sous celle de la lune.

318. Qu'arrive-t-il si on effraie un noctambule?

Si on l'appelle alors qu'il est dans un endroit périlleux, l'activité de son esprit cessant subitement, et une frayeur subite s'emparant de lui à la vue du danger qui lui apparaît tout-à-coup, la tête lui tourne et il tombe.

319. A quel âge se présentent le plus souvent les cas d'*état lunatique?*

Dans la jeunesse et son développement, parce qu'alors le système nerveux est au plus haut degré de faiblesse.

320. L'état lunatique et le noctambulisme diffèrent-ils du somnambulisme?

Entièrement, parce que l'état lunatique et le noctambulisme sont produits par l'action de la lune. Ces états sont pour cela plus électriques.

321. Quelle différence y a-t-il entre l'état lunatique et le noctambulisme?

C'est que l'état lunatique est un état physique dans lequel les rayons de la lune attirent le corps, et que le noctambulisme est un état psychique dans lequel l'âme se sent attirée vers la lune.

322. Quelle différence y a-t-il entre leurs symptômes?

C'est que le lunatique se remue *seulement* quand il est touché par les rayons de la lune et qu'il se meut *seulement vers elle,* sans aucune connaissance et sans aucune relation avec la vie externe ; tandis que le noctambule, sans être touché des rayons de la lune, se lève et continue sa vie externe et a plus de ressemblance avec le somnambule.

323. Le noctambule peut-il lire dans l'obscurité ?

Celui qui se conduit au milieu de la nuit est bien capable de lire dans l'obscurité.

324. Une grande fatigue corporelle empêche-t-elle le noctambulisme ?

Au contraire, elle excite davantage ces sortes de *crampes*.

325. Qu'est-ce que sont les rhabdomanciens, les visionnaires et ceux qui lisent dans les miroirs ?

Ce sont toujours des somnambules plus ou moins parfaits. Par conséquent ils ont aussi une certaine élévation de l'esprit et des dispositions somnambuliques. Mais les visionnaires de spectres, etc., sont toujours des personnes électriques.

326. Pourquoi les somnambules voient-ils toujours des formes noires et monstrueuses qu'ils croient leur vouloir du mal ?

Ceci est la conséquence des spasmes : si les spasmes sont très-douloureux, il arrive quelquefois que des somnambules dans leurs hallucinations croient être tués par un fantôme ou autres apparitions, ce qu'ils font connaître par des paroles et des gestes : ce n'est tout simplement que la *peur causée par les spasmes* ou un *spasme de peur*.

327. Que sont ces apparitions ?

Rien autre chose que des spasmes et par conséquent une *crise salutaire* de la nature, pour remettre le tout en équilibre.

328. Comment doit-on agir en pareil cas ?

Comme avec tous les autres spasmes.

§ 4e. — Des Révélations somnambuliques.

329. Quelle foi doit-on ajouter en général aux prescriptions somnambuliques ?

Si, de leur propre mouvement, les somnambules donnent des prescriptions tant pour eux que pour d'autres, elles sont ordinairement, comme nous l'apprend l'expérience, plus justes que quand on les leur demande.

330. Pourquoi les réponses demandées sont-elles moins justes ?

Parce que les somnambules questionnés *aiment moins* à penser profondément sur les sujets qu'on leur propose.

331. Pourquoi les somnambules connaissent-ils quelquefois exactement l'état de telle ou telle ma-

ladie et n'en trouvent-ils pas aussi bien les remèdes ?

Parce que l'examen de la maladie et la découverte des remèdes sont des opérations toutes *différentes* l'une de l'autre, et qui dépendent de *différentes* facultés. Le somnambule peut avoir l'une et ne pas posséder l'autre.

332. Quand donc peut-on se fier aux prescriptions des somnambules ?

Principalement dans des cas dangereux et quand ils prescrivent d'eux-mêmes, pour eux ou pour les autres. Quant aux réponses forcées, arrachées aux somnambules, ce sont des exagérations et elles n'ont souvent pas le sens commun; de plus, cela nuit toujours au somnambule et retarde toujours la guérison.

333. D'où viennent donc les faux-rêves et les faux-dires ?

D'une certaine vanité enracinée profondément dans la nature humaine, et de l'envie qu'ont presque toujours les somnambules de *faire sensation*. Il est par conséquent nécessaire que le magnétiseur ait de la prudence et de l'expérience pour ne pas se laisser jouer et ne pas choquer le monde par des imprudences de toutes sortes.

334. Quelle confiance peut-on avoir dans les vues des voyants-célestes ?

Pour ceux qui prétendent lire dans le monde céleste, tout ce qu'ils disent *doit être rangé au nombre des fantaisies*, attendu que l'on ne peut pas les contrôler là-dessus.

335. Les vues des *voyants* sont-elles à rejeter sans réserve ?

Non, car beaucoup d'exemples sont là pour nous convaincre que des somnambules, quoique en petit nombre, peuvent réellement *étendre leur rêve* à ce qui se passe dans des endroits éloignés d'eux et même à des choses métaphysiques.

336. Comment le somnambule voit-il dans d'autres corps ?

La volonté d'y pénétrer lui fait ressentir le mal d'autrui dans son propre corps. *Ce n'est pas en y entrant, mais seulement par le rêve, qu'il se représente la partie malade.*

337. Les somnambules peuvent-ils donner des éclaircissements sur l'avenir ?

Ils ne peuvent ordinairement nous donner des éclaircissements que sur le présent. Mais il faut néanmoins admettre que *leurs pressentiments vifs* leur font *quelquefois* donner des révélations justes sur l'avenir.

CHAPITRE XV.

LE MAGNÉTISEUR AVEC LES SOMNAMBULES.

§ 1ᵉʳ. — Instructions générales pour le Magnétiseur.

338. Comment se produit le somnambulisme dans la magnétisation ?

Il vient de lui-même si la nature l'exige, ou si les nerfs sont dans une condition telle que la concentration puisse se former. Si ces conditions n'existent pas, tout somnambulisme est impossible, toutes les passes ne servent à rien et sont vaines. C'est pourquoi il ne *faut faire les passes spécifiées que contre les maladies*. On contribue, il est vrai, à l'apparition du somnambulisme en conduisant seulement les passes jusqu'au creux de l'estomac ; mais ceci, le plus souvent, *est nuisible pour une guérison complète*. Les passes *concentrantes* ne doivent donc être employées que quand on a déjà essayé toutes les autres passes sans résultat suffisant.

339. Qu'y a-t-il de plus important à observer pour le magnétiseur quand il se trouve près du somnambule ?

C'est d'être *double* pour ainsi dire, afin de s'occuper extérieurement avec son malade, et intérieurement de penser toujours à l'activité de l'*esprit* du malade et aux signes qu'il en donne.

340. Faut-il augmenter l'action magnétique s'il apparaît une lueur d'état somnambulique?

Quand cela arrive, il faut éviter d'augmenter immédiatement la concentration magnétique, puisqu'alors on ferait entrer le sujet dans un état si nouveau pour lui, qu'il deviendrait quelquefois presque impossible de ramener le somnambule à l'état normal.

341. Que doit-on faire au premier indice de somnambulisme?

Aux premiers indices, c'est-à-dire quand l'esprit est élevé et le corps déprimé, il faut chercher à ramener le somnambule en dirigeant son esprit vers des choses matérielles, afin que la *force de la pensée* n'aille point se perdre dans des rêves.

342. A quoi peut-on reconnaître l'état de santé ou de maladie du somnambule?

Les mains et les pieds des somnambules doivent toujours être froids. Si au contraire ils sont chauds ou s'il y a de la transpiration, cela indique une faiblesse magnétique. Dans ce cas, si ces extrémités ne *s'égalisaient pas* en un quart d'heure par la présence du magnétiseur, il faudrait alors fortifier le sujet par des passes magnétiques générales.

343. Que faut-il faire si le somnambulisme paraît salutaire?

Il faut le laisser se développer. S'il y a des spasmes trop forts, on peut, *mais lentement*, les diriger.

344. Les somnambules, à l'état somnambulique, montrent-ils plus ou moins d'esprit qu'à l'état de veille?

A l'état somnambulique, les somnambules ont pour ainsi dire deux *natures*: l'une extérieure, le plus souvent puérile, l'autre intérieure et spirituelle. Ces deux caractères changent et se transforment mutuellement et subitement de la manière suivante : plus d'abord le somnambule est puéril, plus il sera sérieux quelques instants après; plus il est fou, plus il sera sage.

345. Peut-on modifier les facultés, les dispositions naturelles des somnambules?

Tous les somnambules ont en eux-mêmes une spécialité. Chez les uns, c'est pour guérir; ches les autres, c'est pour méditer, etc. On ne peut donc que rarement donner une autre direction à leurs facultés; car ils suivent celle qu'ils ont reçue de la nature et qu'ils ont choisie, et restent ordinairement fidèles *à leur talent*.

346. Les différents caractères personnels des somnambules doivent-ils être considérés dans le jugement que l'on veut porter sur leur véracité?

Les somnambules restent toujours homme

malgré l'élévation momentanée de leur esprit; c'est là le plus grand écueil pour le magnétiseur et ce qui demande de sa part le plus d'attention pour bien saisir le caractère, la situation, les relations ainsi que toutes les circonstances; cela est d'autant plus difficile que la *forme spirituelle* du somnambule (ainsi que nous l'avons déjà dit) change continuellement. Il faut donc être soi-même un homme *bien* spirituel pour trouver juste et de suite la bonne voie. Donc plus le magnétiseur est parfait, plus il a de jugement, mieux il agira et devra réussir.

347. Jusqu'à quel degré du somnambulisme le magnétiseur doit-il désirer faire avancer son malade?

Il doit éviter autant que possible une marche trop rapide et s'abstenir surtout de le faire entrer dans les derniers degrés, parce que l'abstraction spirituelle dans laquelle il plonge alors le somnambule a une influence nuisible sur le corps. On doit donc continuellement chercher à conserver les malades dans les premiers degrés, parce que ceux-ci sont les plus sains pour le corps et les plus propres à conduire à une complète guérison.

348. Comment peut-on juger de la possibilité ou de l'impossibilité de l'élévation d'esprit de tel ou tel somnambule?

On peut juger à leur caractère, à leur conduite habituelle et à la portée de leur esprit, dans la vie éveillée, du plus ou moins de foi que l'on pourra plus tard ajouter à leurs révélations.

349. Comment doit s'y prendre le magnétiseur pour donner à l'esprit du somnambule un développement supérieur ?

En abaissant son esprit par des causeries et des occupations *très-légères* pendant l'état de veille.

350. En quoi consiste le secours que le magnétiseur apporte aux somnambules ?

A bien connaître la situation et à prendre soin que la nature puisse parcourir tranquillement les différents degrés du sommeil somnambulique, afin que pendant ce temps l'esprit s'élève juste au point qu'il doit atteindre, que la force magnétique *soit convenablement dirigée*, et que l'état magnétique se *résolve juste* et en *temps opportun*.

351. Le magnétiseur doit-il tâcher d'obtenir la *vue clairvoyante*, afin de connaître par elle le procédé le plus sûr de guérison?

Non, car cet état, qui n'arrive que bien rarement, surtout par un moyen artificiel, est très-peu nécessaire pour la guérison ; et, dans ce cas, il arrive de lui-même.

352. Quelles sont les conditions nécessaires pour que le magnétiseur évite les illusions ?

Si le magnétiseur veut en même temps agir pour la guérison et obtenir de plus hauts résultats de la *vue clairvoyante*, il faut que sa marche se conforme à celle de la nature, et qu'elle varie selon chaque individu. Pour cela, il est absolument nécessaire que le traitement soit entrepris autant que possible dans le silence et devant très-peu de témoins, qui, en outre, doivent être agréables au malade. Il n'est jamais arrivé à un somnambule entouré de curieux de ne pas se sentir oppressé et gêné.

353. Quelle durée peut-on assigner aux maladies somnambuliques ?

Aucune, parce que cela dépend de l'heureuse direction donnée aux symptômes. Quand le traitement est faux, les somnambules restent toute leur vie dans un état de confusion magnétique, comme le démontrent les maniaques hystériques, qui sont cependant très-faciles à guérir en très-peu de temps par un traitement *minutieux* et bien entendu.

354. Y a-t-il quelques observations à faire sur les conversations à tenir avec les somnambules, à l'état de veille?

Ici il n'est pas plus facile de donner des règles au magnétiseur qu'il ne le serait d'en établir pour le commerce de la vie ordinaire; car de même que les hommes sont différents par leur caractère et leurs passions, de même aussi les somnambules diffèrent essentiellement entre eux.

355. Comment le magnétiseur peut-il nuire

au malade plongé dans le sommeil magnétique?

Il peut lui nuire soit par défaut de connaissances, soit en accomplissant avec une foi aveugle, avec une obéissance absolue, toutes les instructions que le malade a données pendant son sommeil somnambulique, ou bien encore en le tourmentant ou en le troublant par des questions *sans but médical.*

356. La théorie de la vision par l'estomac est-elle vraie?

Cette théorie appartient aux absurdités physiologiques. De même que l'œil ne voit pas et que l'oreille n'entend pas, mais que c'est l'esprit qui voit et entend par ces deux organes, de même aussi d'autres parties du corps peuvent, dans certaines transpositions des sens, entendre et voir; mais *cela doit toujours être attribué au rêve de l'esprit.*

§ 2e. — De l'Influence extérieure du Magnétiseur.

357. Quelle est la règle générale que doit suivre le magnétiseur pour que la nature, dans son effort de guérison, arrive à son but et que le développement ne soit pas troublé?

La règle consiste à procurer au malade un repos complet, intérieur et extérieur.

358. Comment peut-on obtenir ce repos parfait à l'intérieur et à l'extérieur?

Il faut avant tout éloigner ce qui peut troubler

l'âme du malade : le médecin ne doit pas chercher à produire le sommeil par de pénibles efforts, ni traiter le malade avec impatience, indifférence ou mauvaise humeur. Du bruit et du tumulte à proximité dérangent toujours beaucoup, mais surtout lorsque l'assoupissement ou le sommeil réel se manifeste. Il faut éviter la trop grande lumière, éloigner les odeurs et écarter les personnes oiseuses.

359. Faut-il aussi, hors du sommeil magnétique, veiller à ce que l'état du malade ne soit pas troublé?

Sans doute, et pour cela il faut avoir soin qu'on ne leur occasionne pas, à l'état de veille, de colère, de chagrin, de frayeur ni de mortification, etc. : il faut donc avec eux avoir continuellement de la déférence, les traiter toujours avec douceur, ne pas fermer les portes avec force, ni laisser tomber des objets pesants, *surtout* ne jamais les consoler dans les chagrins qu'ils aiment à s'occasionner, car les larmes sont un baume pour eux et elles produisent des *résolutions de crises ;* on doit surtout éviter les lectures ou les histoires émouvantes, et veiller à ne jamais les laisser en compagnie de personnes qu'ils ne peuvent pas souffrir, mais bien avec celles qui ont sur eux une influence agréable. On peut les laisser coucher seuls ou avec des personnes bien portantes, mais jamais avec des malades, ou sur la plume ; on doit éviter aussi de les faire servir par des gens qui leur répugnent, et empêcher qu'ils ne fréquentent des réunions nombreuses, surtout celles où l'air est étouffant. Toute espèce d'odeur est en tout temps nuisible pour eux, de même que de porter des bijoux (métaux). Il faut leur faire respirer l'air frais, et aérer fréquemment l'appartement; de plus, laisser brûler une veilleuse la nuit, surtout chez les personnes électriques, qui, par leur nature électrique même, sont attirées par la lune, surtout pendant la nouvelle lune. L'influence des rayons lunaires devient nulle, si la lumière de la lampe est plus forte que celle de la lune.

360. Le soleil a-t-il une influence sur les somnambules?

Beaucoup, c'est-à-dire autant que la lune en a sur les noctambules.

361. L'air et le soleil agissent-ils sur la guérison des somnambules?

Oui, et ils sont des agents magnétiques très-actifs pour cette guérison.

362. Comment agissent l'air et le soleil sur les somnambules?

L'air agit seulement sur les poumons en les fortifiant; et les rayons du soleil agissent magnétiquement sur les nerfs et le sang. C'est pour cela qu'il faut, dans leurs promenades, faire décrire aux somnambules un carré, pour exposer chaque partie de leur corps aux rayons du soleil.

363. Y a-t-il encore un autre remède puissant pour fortifier les somnambules.

Oui, c'est l'exposition *fréquente* à l'air, surtout dans des endroits où la terre a été fraîchement remuée. Il faut les faire coucher sur le parquet ou simplement sur la terre. Le moment le plus propice pour ces promenades ou ces repos est l'après-midi, car alors la terre est plus trempée des rayons solaires et sa force plus pénétrante (il faut bien éviter le soir); on leur fait souvent toucher la terre avec le coude et le bout des doigts. — C'est pour cela que les enfants ont un penchant instinctif à se traîner à terre, surtout quand ils sont maladifs.

364. Les somnambules restent-ils indifférents à la musique?

On peut admettre en principe que la musique ne laisse aucun somnambule dans l'indifférence, et que l'état magnétique est toujours *rehaussé* par elle; c'est pourquoi il faut prendre garde aux morceaux de musique que ces malades peuvent entendre.

365. Qu'y a-t-il encore à observer chez les somnambules par rapport à la vie extérieure?

Que les secousses du cheval ou de la voiture, les habitations près de l'eau ou sur les montagnes, en général, leur sont très-nuisibles. La proximité des chevaux et des bêtes à cornes les fortifie; les chiens, les chats, les grenouilles et les insectes leur nuisent.

Ils ne doivent pas faire usage des aliments gras ou échauffants.

366. Quelles sont les personnes qu'on doit éloigner du somnambule?

Chaque approche *donne* ou *enlève* du magnétisme, et concentre *autrement* la force, en produisant un changement d'idées. Il faut donc bien se garder d'admettre auprès des personnes magnétiques certains individus, surtout les incrédules (en matière de magnétisme) et les personnes mal intentionnées; car elles agissent comme des conducteurs et mettent toute l'activité du malade en désordre par la disposition de leur âme. De même on doit tenir éloignés ceux qui ont une disposition magnétique qui par cette approche pourrait se développer trop violemment, puisque le somnambulisme est contagieux pour l'esprit, surtout chez les femmes hystériques. Or, comme cet état ressemble à l'hypocondrie, il est très-difficile à reconnaître, et il faut une grande expérience pour discerner les dispositions réelles de celles qui sont imaginaires, et pouvoir guérir chaque malade par une voie différente.

367. N'y a-t-il pas des somnambules qui ont de mauvaises qualités de l'âme?

Sans doute, il arrive des cas où des personnes magnétiques sont impures, menteuses, entêtées, trompeuses, etc., car les somnambules ne cessent aucunement d'être hommes.

368. Que fait le magnétiseur qui se sert des somnambules pour produire des prestiges, et qui les met en spectacle?

Le magnétiseur qui par fanatisme, intérêt ou vaine gloire soumet ses somnambules aux caprices des assistants et en fait des jongleurs, celui-là se dégrade et se prostitue de lui-même, et le magnétisme avec lui, car le magnétisme ne se développe que par une exaltation pure de toute souillure.

§ 5e. — De la Marche que doit suivre le Magnétiseur pendant le sommeil magnétique.

369. Comment le magnétiseur doit-il agir pendant le sommeil du malade?

Si le sommeil est calme, on laisse dormir le malade, quand même ce sommeil devrait durer longtemps; ce n'est que quand il est agité qu'il faut l'interrompre. Il est bien aisé de le distinguer de celui qu'on appelle *profond sommeil,* qui est ou une conséquence de l'exaltation excessive de l'esprit, ou bien qui est soporatif (coma) et accompagné d'une transpiration assez faible. Dans ce dernier cas, il faut tâcher de l'interrompre.

370. Que doit surtout considérer le magnétiseur dans le sommeil magnétique?

Que l'homme, dans le sommeil magnétique, est transporté dans un nouveau monde, où se trouvant étranger, il doit être élevé au-dessus de l'état ordinaire, pour ne pas s'égarer dans des rêves faux, ou dans des jeux fantastiques de l'imagination, ou même dans les hallucinations de la démence.

371. Comment peut-on se servir du sommeil ordinaire pour guérir du sommeil somnambulique?

Les hommes magnétiques et électriques peuvent, si cela est nécessaire, être démagnétisés et désélectrisés simplement par le sommeil. Pour cela, *on ne laisse pas* dormir ceux qui sont magnétiques, et on laisse dormir beaucoup les sujets électriques.

372. Pourquoi le magnétiseur doit-il être présent au sommeil *transitoire?*

Parce que sa présence fortifie le malade et que la transition s'accomplit *précisément* par l'attention que le magnétiseur y a mise, et *forme pour ainsi dire la clarté de la nouvelle situation.*

373. Que doit faire le magnétiseur pendant le sommeil *transitoire?*

Il doit toujours attendre et suivre tranquillement la fin de ce sommeil magnétique qui, au commencement, ressemble tout à fait à l'assoupissement naturel, et qui se développe mieux par la présence du magnétiseur, qui dirige ce développement *par* son calme et *par* son attention.

374. Appeler un somnambule par son nom lui est-il préjudiciable?

Oui, et en voici la raison : L'esprit, dans

l'état somnambulique, vit dans une sphère plus élevée et en prononçant le nom du somnambule, on le rappelle à la réalité de la vie.

375. Peut-on réveiller le somnambule par des passes *faites en sens contraire ?*

Le réveiller par ce moyen n'est pas accepté par l'école moderne, car réveiller précipitamment est toujours nuisible à l'action magnétique.

376. Comment trouble-t-on le *sommeil profond* qui révèle une faiblesse chez le sujet magnétique ?

On trouble d'abord ses idées en regardant fixement ses tempes, puis on fortifie le sujet soit en posant la main à plat ou le bout des doigts sur le creux de l'estomac, soit en soufflant légèrement à cet endroit.

377. Comment doit-on réveiller les personnes magnétiques ?

On les laisse toujours dormir assez longtemps et s'éveiller elles-mêmes. Mais quand elles indiquent par un certain malaise un besoin de secours, alors il suffit de regarder fixement les tempes pour déranger les idées, et de faire quelques passes du milieu des sourcils vers les tempes ; mais tout cela avec ménagement, pour que la transition se fasse *lentement.*

378. Comment doit-on *ramener* le somnambule du *profond sommeil* s'il était soporifique ou épuisant ?

En regardant fixement les tempes, en s'entremêlant *lentement* dans ses idées de rêve et en liant *lentement* aussi une conversation avec lui.

379. Qu'a-t-on à faire pendant le *haut sommeil* et l'*extase ?*

Il faut alors laisser le somnambule tranquille et tâcher seulement de le relier peu à peu avec le monde extérieur et de lui en inspirer l'intérêt, sans quoi l'esprit se retirerait trop.

380. Doit-on interrompre le *sommeil qui ressemble à celui de la mort*, et comment le fait-on ?

On doit l'interrompre dès que le malade transpire, car sans cela l'esprit se retirerait trop vite ; il faut donc le troubler en regardant fixement, comme d'habitude, les tempes du malade et en ayant la volonté de le déranger *lentement* dans ses idées.—Alors il abandonne son rêve et se relie au monde extérieur.

§ 4º. — Des Relations entre le Magnétiseur et les Somnambules.

381. Quelle précaution faut-il avoir dans les relations et les entretiens avec les somnambules ?

Le somnambulisme étant une élévation de leur esprit *flexible*, chaque entretien et chaque action du magnétiseur a une grande influence sur les somnambules et sur leur état.

382. A quel moment faut-il adresser la parole au somnambule endormi ?

Tant qu'il dort, qu'il ne parle pas ou qu'il ne

fait pas d'efforts pour parler, on doit éviter de lui adresser la parole et de le questionner, pour ne pas le déranger dans le développement de ses idées, par une trop grande et trop impatiente curiosité; quand il parle, on ne doit montrer aucune incrédulité, au contraire. Le magnétiseur ne doit pas être pour le malade un novice, mais bien *un maître*, car il est nécessaire que le sujet soit élevé et formé dans ce nouvel état par l'*attention soutenue* du magnétiseur.

383. Comment doit-on parler et s'occuper avec les somnambules hors de l'état magnétique ?

En général, hors de l'état du sommeil, il faut les abaisser spirituellement autant que possible par des entretiens badins et de petites plaisanteries (et cela d'autant plus qu'ils s'élèvent plus spirituellement dans le sommeil magnétique), afin de reposer ainsi leur esprit et pour qu'ils puissent dans leurs moments de crises s'élever davantage.

384. Comment aide-t-on les somnambules à parler quand on s'aperçoit qu'ils ne peuvent le faire malgré leurs efforts ?

On y arrive en leur faisant avaler une gorgée d'eau magnétisée ou en magnétisant les organes de la parole, ou bien en leur appliquant sur le cou les mains dans lesquelles on a soufflé.

385. Questionner est-il une chose nécessaire dans l'état de somnambulisme ?

Cela est *absolument* nécessaire, alors que le besoin de parler se montre chez le sujet. Ces questions reposent un peu son esprit qui s'est trop élevé et le retiennent attaché au monde extérieur.

386. Quelles sont les questions à éviter ?

Les questions qui épuisent, irritent ou exaltent trop le sujet.

387. N'y a-t-il pas des exemples de questions maladroites ?

Oui, par exemple : celui qui ne sait pas que les fausses questions sont nuisibles en posera d'abord sur les choses futures, dès que son somnambule lui a donné une *seule* preuve de sa faculté de voir dans l'avenir. Mais celui-là ne fait que donner une peine inutile à son malade; le désir d'en entendre parler sera satisfait, mais les vues du soi-disant voyant seront pleines d'illusions, quand bien même la prophétie réussirait d'ailleurs une ou deux fois. Et de plus, ces preuves d'illusions occasionnées par l'imprudence du magnétiseur ne font qu'empirer l'état du sujet.

388. Comment les idées des somnambules deviennent-elles plus obscures ?

Dès que le questionneur s'abandonne à ses propres idées ou qu'il doute des réponses du somnambule, immédiatement le courant magnétique qui les unit diminue, et la vue devient plus obscure.

389. Est-il bon pour élever davantage les somnam-

bules d'attirer, dans l'état de veille, leur attention sur leurs capacités particulières ?

De cette manière, ils atteignent quelquefois plutôt leur élévation, mais ce n'est pas le véritable moyen. Il faut laisser la nature suivre sa voie naturelle et *ne rien forcer*.

390. Que doit-on éviter avec les somnambules, par rapport à ce qu'ils ont dit ?

Il faut se garder avant tout de se prononcer en leur présence sur l'exactitude et la justesse des remèdes qu'ils ont prescrits. Car cela les entraîne à *vouloir* s'étendre encore davantage là-dessus une autre fois. De semblables désirs n'amènent que des erreurs et des illusions.

391. Un *voyant* peut-il répondre à l'instant même à toutes les questions qu'on lui adresse ?

Il existe une grande erreur, c'est de croire qu'un somnambule peut répondre à l'instant à toutes les questions qu'on lui pose et saisir toute chose comme un *esprit qui sait tout*, et que de plus la promptitude de ses réponses est une garantie de sa lucidité à l'état somnambulique. Tout somnambule *doit penser comme nous*, seulement il *pense plus vite*.

392. Quelles sont les questions les plus contrariantes pour le *clair-voyant ?*

Ce sont celles qu'on lui fait lorsque, se trouvant dans *un travail quelconque*, il en est dérangé par une demande tout opposée au sujet qui l'occupe.

§ 5º. — Des Spasmes de Visions.

393. Que doit faire le magnétiseur si des visions surviennent ?

Dans cet état de spasmes, il ne faut pas déranger le somnambule de ses visions, mais attendre qu'elles disparaissent d'elles-mêmes. Cependant si une hallucination quelconque reste encore à son réveil, il faut alors, par un entretien raisonnable, lui faire comprendre que ceci n'est qu'un *avant-coureur* habituel de spasmes.

394. Que doit-on faire si ces hallucinations ne cessent pas ?

Alors on dissipe le spasme en soufflant sur les yeux du sujet.

395. Comment doit s'y prendre le magnétiseur dans les diverses hallucinations du sujet ?

Il faut attendre pendant *neuf minutes* avec le plus grand calme et une grande attention la fin de chaque spasme d'hallucination séparé, pour ne pas troubler *avant le temps* l'activité de la nature. Après ces neuf minutes, on agit doucement pour amener la résolution du spasme.

396. Quand doit-on détruire les spasmes d'hallucinations.

Dans les cas les plus urgents, seulement quand le malade magnétique lui-même le demande, ou bien s'il y a transpiration au front et aux mains, alors on peut égaliser les spasmes. Pour ce, on met la main à plat sur le creux de l'estomac, et on agit à distance par le souffle et avec des passes générales.

397. Comment peut-on encore diriger les spasmes magnétiques?

Quand ils sont trop douloureux et continuels, on les dirige en les *dissipant par des conversations attrayantes;* et comme l'esprit du somnambule est toujours remuant, il suit facilement l'entrain de la conversation; alors les douleurs cessent, et la force magnétique se concentre ailleurs. (C'est ce qu'on appelle *faire oublier* la maladie.)

398. Par quel autre moyen peut-on encore *résoudre* les spasmes violents qui ne veulent pas céder au traitement ci-dessus ?

Si les moyens ordinaires sont insuffisants, et de plus si les spasmes paraissent dangereux, on les transforme par la musique *en spasmes de visions.* Mais alors il faut bien prendre garde que pendant cette vision, les sujets ne soient pas fortuitement épouvantés, attendu que cela peut rappeler un dangereux spasme *fixe,* ou un *égarement de l'esprit.* Par la musique, les spasmes peuvent être aussi dirigés, sans passer à l'état de visions.

399. Par quel moyen fixe-t-on les somnambules sur un siége ?

Cela se fait moins par la force du magnétisme que par la volonté conforme du somnambule et du magnétiseur.

400. Il existe donc une entente entre le magnétiseur et le somnambule?

Sans doute, et même une double entente : corporelle et spirituelle.

401. Quel genre de maladies exige que le magnétiseur soit pur et sain de corps et d'esprit, en un mot qu'il soit : *mens sana in corpore sano ?*

Dans les maladies magnétiques, la *pureté spirituelle* est d'une grande importance, et dans les maladies électriques c'est la *pureté corporelle* du magnétiseur qui est nécessaire.

402. Que doit surtout remarquer le magnétiseur par rapport aux âcretés du sang et à tout symptôme électrique du malade ?

Plus le sujet et les symptômes sont électriques, plus le magnétiseur doit être magnétique, attendu que ce n'est qu'à son *surplus* de force magnétique que cède l'électricité. C'est pourquoi le magnétiseur ne doit pas, pendant le *temps critique surtout,* manger de la viande ni boire du vin ou des boissons excitantes, encore moins se fâcher. Il doit éviter aussi de s'échauffer en marchant, de se fatiguer, en montant à cheval ou en se promenant beaucoup; enfin il doit avoir soin d'épuiser le moins possible sa force.

403. Dans quel cas faut-il encore que le magnétiseur se conduise aussi consciencieusement?

Dans toutes les grandes faiblesses accompagnées de fortes transpirations, et dans le cas de *grands abaissements* ou de *grandes élévations* de l'esprit des malades; car dans ces deux états, les malades ont besoin d'une force entière et pure de la part du magnétiseur.

404. Qu'est-ce qui *fortifie* le magnétiseur lui-même dans de pareils cas?

1º La ferme croyance à la toute-puissance de la nature pour guérir;

2º Sa propre conduite, sa nourriture (selon ce qui est prescrit plus haut) et sa manière d'agir en magnétisant;

3º Sa propre élévation d'esprit.

405. Qu'est-ce qui au contraire *affaiblit* le magnétiseur?

1º Le doute et le manque d'espoir;

2º Toute faute dans sa conduite;

3º D'inutiles bavardages qui causent l'abaissement de l'esprit. De même, les commérages sur le magnétisme dans les conversations de salon le rendent faible et insuffisant pour les maladies électriques et graves.

406. Comment peut-on reconnaître que la force magnétique du malade se rattache à celle du magnétiseur?

Cela se reconnaît de suite aux premières passes vigoureuses, car il survient momentanément des bâillements, ou d'autres symptômes d'amélioration et de soulagement, ou enfin une réaction salutaire.

407. Combien y a-t-il d'espèces de *passes vigoureuses?*

Deux espèces : *corporelles* et *spirituelles.* Les *corporelles* sont celles que l'on fait à partir de l'épaule, avec les doigts fermés, par-dessus les bras, et que l'on conduit avec la ferme intention de fortifier le sujet. — Les *spirituelles* se font avec les doigts ouverts, et avec l'intention de réveiller l'esprit du malade par un *secours spirituel.*

408. Quand doit-on faire les dernières?

Seulement quand les passes *corporelles* restent sans succès assez fortifiant.

409. *Combien de temps* le magnétiseur doit-il donc observer les règles de conduite prescrites plus haut?

Aussi longtemps que dure la maladie et alors même que le danger aurait diminué; attendu que chaque heure de l'action magnétique amène du soulagement ou la guérison, ou bien cause du danger par le trop d'électricité du magnétiseur. Toutes les magnétisations faites avec moins de force qu'il n'en faut sont perdues. Delà, les retards prolongés dans les guérisons et les efforts superflus du malade et du médecin. Tout retard est dangereux : car *il faut*, selon les lois de la nature, *que toute maladie soit guérie à son époque normale.*

410. Quel est le temps normal pour la guérison des maladies?

En général, il y a pour chaque maladie une époque déterminée où se fait la guérison. Dans les maladies *aiguës*, c'est environ 7, 21, 63 ou 147 heures après la première magnétisation que la guérison doit avoir lieu. Dans les maladies *chroniques*, c'est après *le même nombre* de semaines ou jamais que la guérison doit s'opérer.

411. Dans les maladies chroniques, faut-il magnétiser tous les jours?

Il suffit de le faire tous les deux jours pour donner à la nature *un temps de repos* qui la dispose à mieux recevoir une seconde magnétisation.

412. Que faut-il faire, s'il y a eu faute dans le régime ou si le temps manque?

Alors il faut rapprocher les heures de magnétisation jusqu'à faire *trois* visites par jour, et à la fin, quand on a atteint de la sorte et en moins de temps le nombre d'heures de magnétisation voulues, on y ajoute *le tiers en plus*; et cela, quand bien même le malade irait mieux ; car le germe de la maladie n'est pas encore complétement détruit, et il pourrait se former pendant la convalescence une autre maladie. C'est ainsi que les maladies chroniques suivent *toujours* les maladies aiguës.

413. Ce travail de la nature se fait-il *toujours* dans les laps de temps désignés ci-dessus? (*Quest.* 410.)

Non, parce que nous autres hommes nous ne pouvons pas agir ni nous conduire comme la nature l'exige. Il y a cependant quelque chose de certain, c'est que chaque septième heure de magnétisation produit un effet visible.

414. Pourquoi le magnétiseur est-il obligé de se tenir tout à fait tranquille physiquement et psychiquement dans toutes les graves maladies magnétiques, et surtout dans un grand danger d'irritation et de faiblesse?

Parce que ce n'est que son repos qui peut le *transformer pour ainsi dire en aimant,* et qui lui donne la force d'agir vigoureusement sur son malade.

415. Qu'y a-t-il à faire quand un grand danger menace?

Il faut que le magnétiseur développppe son magnétisme le plus puissant, par la *prière et le jeûne*, qui furent et qui sont encore les moyens les *meilleurs* pour exalter la force magnétique en soi et en son malade.

416. Comment le magnétiseur peut-il encore développer son magnétisme?

En magnétisant sa propre tête. — On met pendant une minute, sur le sommet de la tête, les mains jointes sans être entièrement rapprochées; puis on pose le pouce sur les tempes, les extrémités des quatre doigts sur le crâne, et on les ramène tous quatre, du milieu de la tête vers les tempes. Pour finir on replace les mains de la même manière qu'au commencement.

417. Qu'a-t-on à observer dans les grandes crises magnétiques?

Que l'air même de la chambre du malade ne soit pas troublé par aucun entourage électrique ou anti-magnétique, ou par toute autre influence contraire, jusqu'à ce que le sommeil magnétique ait atteint sa *maturité*.

418. Qu'entend-on par *maturité* du sommeil magnétique?

C'est l'*état somnambulique* qui succède à la période transitoire. Cet état dure ordinairement un quart d'heure, mais quelquefois plusieurs heures; et c'est alors *seulement* qu'on peut interroger le malade.

419. Quand et comment doit-on complétement plonger le malade dans le sommeil magnétique?

Seulement lorsque les avant-coureurs du sommeil se présentent et que le malade montre qu'il désire être mis dans un sommeil plus profond. Alors on fait cinq, sept et jusqu'à neuf passes du cerveau au creux de l'estomac, en y fixant la force, ou on applique sa main sur la tête du sujet de deux à neuf minutes. Ces deux manières doivent être accompagnées d'une *grande attention spirituelle* d'endormir tout à fait le malade.

420. Quels sont les avant-coureurs et les signes de la nécessité du *profond sommeil* ?

Uniquement le développement lui-même du sommeil jusqu'au désir de parler, désir apparent par la mimique. Le vrai magnétopathe ne doit chercher à produire ce *profond sommeil* que dans le cas désespéré de grave maladie et alors qu'il est au bout de sa science.

421. A quoi peut-on juger s'il faut faire cinq ou neuf passes, ou s'il faut appliquer les mains de deux à neuf minutes ?

A la gravité de la maladie et au temps qui paraît nécessaire pour la guérison. Car chaque passe et chaque minute d'application de la main *enveloppent* plus complétement le malade. Or, plus le sommeil est profond, plus le magnétiseur doit *se trouver en force* et plus il doit *sacrifier son temps.*

422. Pendant combien de temps la vigueur et l'élévation d'esprit durent-elles habituellement dans le sommeil magnétique ?

Les dispositions à l'élévation d'esprit durent de trois à vingt et un jours, selon les besoins de la maladie ; mais le moment précis de l'élévation de l'esprit est *tout à fait incertain,* et diffère, chez chaque malade, selon le temps, les circonstances et les influences étrangères.

423. A quoi reconnaît-on *l'élévation d'esprit?*

Le magnétiseur exercé peut *seul* en saisir le moment et la reconnaître. Du reste, il *doit toujours s'y attendre* dès qu'il a fait ses passes.

424. La manière de délier les spasmes qui accompagnent toujours cette élévation d'esprit ne peut-elle être exposée dans un tableau?

Les spasmes magnétiques, quelque différents qu'ils soient, ainsi que la manière de les délier, peuvent être exposés ainsi qu'il suit :

IV.—DU SOMNAMBULISME.

A. Spasmes qui apparaissent à chaque indisposition.

SPASMES.	TRAITEMENT[1].
1° Tiraillements dans un membre............	} Le massage.
2° Allongements dans le corps.............	
3° Frissons dans la peau...................	
4° Sentiment d'effroi dans son cœur.........	Douze passes magnétiques égales : 3 avec le pouce, à partir du milieu du sommet de la tête jusqu'au creux de l'estomac ; 3 avec l'index, du milieu des sourcils ; 3 avec le doigt du milieu, du milieu de l'oreille ; et 3 avec les deux derniers doigts, du muscle du palais : toutes ces passes conduites jusqu'au creux de l'estomac.
5° Tremblements...... } des membres.......	
6° Abattement........	
7° Éternuments...........................	
8° Envies spasmodiques d'avaler...........	

B. Spasmes qui apparaissent seulement dans les affections de nerfs.

9° Bâillements............................	Passes du menton jusque par-dessus le gosier.
10° Envies spasmodiques d'avaler...........	Aux deux côtés de la gorge.

[1] NOTE GÉNÉRALE Cette prescription du traitement n'est que pour les personnes qui ne connaissent pas l'anatomie. Les autres doivent toujours faire les passes précisément sur les nerfs qui conduisent aux muscles où ont lieu les spasmes.

SPASMES.	TRAITEMENT.
11° Pleurs........................	De l'angle intérieur de l'œil, avec le pouce et l'index, dirigées vers le creux de l'estomac.
12° Sanglots......................	Du commencement de la gorge, jusque dans le creux de l'estomac.
13° Cris..........................	
14° Cris aigus....................	
15° Rires........................	Des muscles du rire (derrière l'oreille) vers l'aisselle, ou jusqu'au-dessous des côtes.
16° Spasmes des dents...........	De la mâchoire vers le menton ou le bas du cou.
17° Spasmes de la mâchoire......	
18° Spasmes des joues...........	De la pommette de la joue vers le menton.
19° Spasmes de la bouche........	
20° Spasmes du nez..............	Avec le pouce et le petit doigt, du front et par-dessus le nez jusqu'au menton.
21° Spasmes des yeux............	Avec le pouce, l'index et le doigt du milieu, des sourcils vers le menton.

IV.—DU SOMNAMBULISME.

SPASMES.	TRAITEMENT.
22° Spasmes des paupières.	Avec le pouce, l'index et le doigt du milieu, des angles des yeux au menton.
23° Spasmes du front.	Avec le pouce et le petit doigt, vers la racine du nez et vers les fosses nasales.
24° Projection de la tête en avant et en arrière.	Avec le pouce et le petit doigt, de la partie intérieure du cou jusqu'à la gorge.
25° Spasmes de la gorge.	Avec le pouce et le petit doigt, de la partie supérieure du gosier à la partie inférieure.
26° Spasmes de la nuque.	Avec le pouce, à partir de la nuque au nœud de l'épine dorsale.
27° Spasmes de la parole.	Avec les deux mains, tenir le pouce et le petit doigt au creux de la mâchoire.
28° Spasmes de la langue.	De même, mais au-dessus de la mâchoire.
29° Spasmes gonflant les muscles du cou.	Mettre les deux pouces à la nuque, et descendre avec les doigts jusqu'à la gorge.

IV.—DU SOMNAMBULISME.

SPASMES.	TRAITEMENT.
30° Spasmes haletants	À partir de la partie antérieure et supérieure du cou, par-dessus.
31° Spasmes suffocants	Avec le pouce et l'index ou la main à plat, au creux de l'estomac.
32° Spasmes (besoins) du bavardage, de la poésie, du chant, de siffler, de jurer, de déchirer, de mordre, d'imiter les animaux. (Tous ces spasmes sont des spasmes du cerveau)............	Les deux pouces sur les tempes, puis on passe avec les doigts écartés, du crâne vers ces pouces, et l'on descend les mains de derrière les oreilles jusqu'à l'aisselle ou jusqu'à l'estomac.

C. Spasmes chez les personnes Magnétiques et chez les Somnambules.

1° Spasmes internes.

33° Spasmes (besoins) d'avaler et de tousser..	22 passes comme au 4° — 8° (page 164).
34° Éructation.................	Boire de l'eau magnétisée.
35° Spasmes d'estomac........	

IV.—DU SOMNAMBULISME.

SPASMES.	TRAITEMENT.
36° Crampes d'estomac avec contorsions......	Appuyer les doigts au creux de l'estomac, passer avec les quatre doigts en avant, le pouce les suivant au *centrum dorsale*.
37° Spasmes des poumons............	Sept passes par-dessus la partie souffrante.
38° Spasmes du foie............	
39° Spasmes du cœur............	
40° Spasmes dans les intestins (gonflements dans le ventre)............	Trois passes, à partir des ganglions ; trois, des reins ; une, des ganglions jusqu'au genou ; et sept, du creux intérieur du genou au *fibularis* et au *cutaneus*.
41° Spasmes dans les parties sexuelles......	
42° Spasmes de la rate avec crachement de glaires............	Point de remède. — Soulagement en mettant la main sur la rate et soufflant au creux de l'estomac.

2° *Spasmes externes*.

43° Spasmes de l'angoisse, du cœur ou de la crainte............	Douze passes comme n° 4° — 8° (page 161).

IV.—DU SOMNAMBULISME.

	SPASMES.	TRAITEMENT.
44°	Besoins (spasmes) de rester debout.	Mettre la main au creux de l'estomac ou y poser le pouce ; faire des passes de l'épine dorsale aux épaules, à la poitrine, aux reins et à l'ischion.
45°	— raide.	
46°	— courbé.	
47°	— d'étendre et de ramasser les membres.	Dans le premier cas, faire des passes à l'extérieur des membres ; et dans le deuxième, à l'intérieur.
48°	— d'avaler, de retordre, de se rouler, de se raidir, comme p. se retenir.	Faire des passes du dessous de l'oreille vers le haut et derrière l'oreille jusqu'au coude, ou à l'intérieur du bras.
49°	— de courir, de sauter, de monter, de se balancer, de se tenir en équilibre.	Mettre le pouce et le petit doigt dans le creux du genou et descendre des côtés extérieurs du mollet, vers le tendon d'Achille. — Attendre la fin avec patience et attention, et sans jamais s'*épouvanter*.
50°	— de lire, de dessiner, de monter à cheval, de conduire une voiture.	Les mêmes passes sur les bras que celles faites au 50° sur les jambes ; mais toutes deux faites seulement vers la fin des spasmes.

IV. — DU SOMNAMBULISME.

SPASMES.		TRAITEMENT.
51° — de sautiller, de danser (*chorea sancti viti*)...		Passe de l'épine dorsale vers les hanches, et descendre jusqu'au pied par la partie intérieure de la cuisse et de la jambe.
52° Spasmes de démangeaisons............		Passe par-dessus la peau avec la main à plat, à l'endroit où la démangeaison a lieu.
53° Spasmes cataleptiques de mort.........		Sept à neuf passes, du centre du dos, vers les côtes, jusqu'au creux de l'estomac.
54° Besoins (spasmes) { de trépigner..... de frapper du pied.		Du creux du genou, par le milieu du mollet, jusqu'à la cheville extérieure.
55° Spasmes { de lassitude .... d'évanouissement.........		Donner la main au malade ou la mettre sur le creux de l'estomac, ou souffler à cet endroit.

425. N'y a-t-il pas d'autres spasmes que ceux indiqués dans le tableau ci-dessus ?

Oui, mais ceux-ci suffisent pour guider le magnétiseur. Plus celui-ci connaîtra exactement la situation des nerfs, mieux il connaîtra aussi le nerf *qui agit* et il dirigera ces passes en suivant ce nerf, de son origine à son anastomose (fin).

426. Peut-on changer les spasmes de place ?

Sans doute, chez les somnambules surtout. Si ceux-ci annoncent un spasme avant qu'il n'ait éclaté, on peut diriger le spasme là où l'on veut, en le guidant. — Par exemple : Le somnambule annonce un spasme de poitrine et on le veut diriger au bras ; alors on fait sept passes de l'aisselle vers la main, en passant par le bras. A la dernière passe tout au plus, le spasme est dans le bras.

427. Quand peut-on employer cette transposition ?

Ordinairement dans le cas de spasmes *internes*, et surtout quand le sujet est déjà tellement faible qu'on suppose qu'il n'aura plus la force d'achever convenablement son spasme. On l'emploie aussi quand on craint que le spasme n'augmente le mal.

APPENDICE.

TOILETTE MAGNÉTIQUE.

428. Comment le magnétiseur doit-il être vêtu quand il magnétise ?

Il ne doit avoir sur lui ni métaux, ni soie. Ainsi, quand on doit magnétiser un sujet gravement malade, il faut ôter son habit, s'il est doublé de soie; et sa cravate, si elle est de même étoffe; sa montre, etc.

429. Comment doit être vêtu le sujet à magnétiser ?

Entièrement de toile, mais jamais de coton, ni de soie.

430. Qu'y a-t-il à observer si le sujet à magnétiser est couché ?

Il faut enlever du lit tout ce qui est plume et le couvrir légèrement, en évitant tout ce qui est soie, d'un drap de toile ou d'une couverture piquée.

FIN DE LA PREMIÈRE PARTIE.

Deuxième Partie.

I

PSYCHOPATHIE

II

MAGNÉTISME DU LANGAGE.

I

PSYCHOPATHIE MAGNÉTIQUE
(MÉDECINE PSYCHIQUE)

CONSIDÉRÉE COMME BRANCHE PRINCIPALE

DE LA

MÉDECINE MAGNÉTIQUE SUPÉRIEURE.

PROLÉGOMÈNES.

Si nous considérons l'ensemble des phénomènes et des effets du magnétisme, nous reconnaissons tout d'abord une action et une influence psychologiques supérieures et manifestes : c'est par cette action et cette influence que nous voyons s'opérer les guérisons magnétiques.

Si maintenant j'ajoute ici mes observations magnéto-psychologiques déjà faites dans mes ouvrages précédents, et qui prouvent que j'ai toujours été d'autant plus sûr et plus heureux dans mes cures, que je m'attachais davantage à mon expérience psychique, alors on reconnaîtra que le nom de *psychopathie* convient mieux à ma nouvelle méthode curative que celui de méthode médico-magnétique. Car, bien que beaucoup de magnétiseurs l'ignorent ou n'y attachent pas d'importance, c'est toujours l'âme qui joue le rôle principal dans toutes les affections, et *jamais le fluide (magnétique) seul,* ainsi qu'ils le disent.

Or, puisque l'âme est l'acteur principal, c'est donc à elle qu'il faut donner le plus d'attention, c'est pour elle qu'il faut avoir le plus d'égard ; et voilà pourquoi j'appelle cette branche de mes études et de ma méthode magnéto-curative perfectionnée, voilà pourquoi, dis-je, je l'appelle : *Psychopathie,* c'est-à-dire *guérison de l'âme par l'âme.*

De tout temps le magnétisme a été connu ; seulement il l'était sous d'autres noms. Ainsi, les rêves prophétiques des temples, les augures, les sibylles, les oracles, les impositions de mains des prêtres, n'étaient assurément pas autre chose. Mesmer n'a *découvert que la forme,* c'est-à-dire qu'il a remplacé l'imposition des mains par les *passes,* et par là, il a de beaucoup augmenté la vertu curative du magnétisme, en produisant une plus puissante réaction de la nature. En effet, ces spasmes (ces douleurs) provoquent le sommeil. — Puységur découvrit comme nous l'avons dit, le somnambulisme, et de même que les prophètes, il le prescrivit comme remède et comme moyen de prédiction.

Depuis lors, le magnétisme a été expérimenté ou plutôt exploité tant comme agent médical que comme objet de curiosité. Quoi qu'il en soit, la vertu curative des passes magnétiques est aujourd'hui incontestée, et ce serait, il nous semble, une raison suffisante pour faire accepter le magnétisme vital comme une science acquise, dont l'art de guérir s'enrichirait, et que les Universités devraient enseigner *ex cathedrâ*. Bien que Mesmer ait été décrié par les médecins comme charlatan, cela ne doit pas empêcher les praticiens d'aujourd'hui d'examiner mon système. Salomon de Caus, l'inventeur de la machine à vapeur, n'a-t-il pas été mis en prison ?.. Et Galilée n'a-t-il pas été mené au bûcher, la corde au cou?... Eh bien! les vérités proclamées par ces hommes immortels sont aujourd'hui reconnues de tous, et l'emploi de ces forces a fait bien des progrès dans les masses depuis que leur existence a été découverte et utilisée. En France, on compte actuellement plus de cent somnambules qui reçoivent journellement la visite d'un grand nombre de malades. Beaucoup de ceux-ci en sont soulagés, et plusieurs même d'entre eux déclarés incurables se trouvent guéris. Que serait-ce donc si le magnétisme était enseigné et pratiqué selon les principes?

Le docteur Elliotson, directeur d'un des hôpitaux de Londres, exerce publiquement le magnétisme. Pourquoi donc de jeunes médecins ont-ils honte d'en faire autant? Parce que le magnétisme vital ne leur a pas été enseigné par leurs professeurs comme un moyen de guérison important en médecine. — Et cependant déjà Hippocrate avait reconnu lui-même une *puissance curative entièrement cachée dans l'homme.*

Chacun sait qu'il possède en lui une force qui s'épuise et que renouvelle continuellement la nature par le repos et le sommeil. Mesmer et Newton ont apppelé cette force *magnétisme* et *force vitale ;* c'est ce magnétisme, cette puissance, cette force vitale qui, lorsque le magnétisme n'est point épuisé, produit tant de soulagement aux malades.

L'étude du magnétisme et de la magnétothérapie apprend à acquérir et à conserver cette *force vitale* si bienfaisante et à s'en servir pour la guérison des malades. L'*effet* de l'action magnétique est *toujours* physique, ainsi que celui de l'électricité, du galvanisme et du magnétisme minéral.

Oui, le magnétisme n'est pas autre chose qu'une force psychophysique commune et universelle, c'est-à-dire que chacun possède, et dont l'emploi plus ou moins rationnel et par cela même plus ou moins efficace, résulte de la connaissance exacte des détails de l'organisme et des fonctions de notre machine, de notre corps, de ses différentes parties et surtout des nerfs. Or, tant que les médecins n'admettront pas cette force motrice intérieure de la nature et de notre corps, tant qu'ils ne reconnaîtront pas le *fluide d'innervation* et ses effets, ils ignoreront beaucoup des phénomènes et des symptômes morbides, et surtout toutes les *idio-*

syncrasies[1] et les spasmes qui se manifestent dans toutes les maladies, Et réciproquement, du moment où ils acceptent ces théories, la lumière se fait pour eux, et ils reconnaissent que tous les traitements des différents systèmes curatifs qu'indiquent l'allopathie, l'homœopathie ou l'hydropathie, etc., ne peuvent être employés qu'après un examen magnétique de la maladie. La découverte de la circulation du sang par Harvey, découverte qui eut aussi beaucoup de peine à se faire jour, n'a probablement pas fait faire un plus grand pas à la science de guérir que ne le ferait notre système s'il arrivait à avoir droit de cité dans l'enseignement. C'est ma conviction, et je puis le dire à haute voix. Aussi, en songeant à mes cures miraculeuses, je me considère comme un voyant au milieu des aveugles. Dès que l'on admet que la machine humaine se meut par le magnétisme, que c'est lui qui effectue les fonctions des activités psychiques et physiques, le problème est résolu comme celui de l'œuf de Colomb, et chacun s'étonne, comme je le

---

[1] Les idiosyncrasies hystériques, comme toutes les douleurs et les sensations qui ont leur siége dans l'imagination, ne sont pas autre chose que l'état morbide du tube d'un nerf destiné à rendre compte au cerveau de telle ou telle douleur, de telle ou telle sensation. C'est par suite de cet état morbide que le malade éprouve ce sentiment hystérique (imaginé). C'est ce qui nous explique ce que nous appelons les *envies* de femmes enceintes ; une envie non satisfaite forme un dépôt morbide sur la peau (tache).

fis un jour moi-même, de sa propre ignorance.

Si l'on admet que le *fluide nerveux* qui circule plus ou moins dans tous les hommes est la cause de tous les phénomènes magnétiques, alors on trouve tout naturels et simples les étonnants effets du développement des facultés humaines ainsi que leur *trouble* et leur *impuissance* dans tels individus malades ou non, et on reconnaît, comme le dit même la phrénologie, que ce germe de développement était déjà dans l'organisme et qu'il ne se fait par la maladie qu'un développement ou trouble *naturel*, mais nullement *surnaturel* malgré les apparences ou phénomènes merveilleux qui se manifestent. Il en est de même pour l'électricité, le galvanisme et autres forces ou puissances naturelles dont la combinaison et les fonctions dans l'appareil humain doivent être étudiées pour qu'on puisse les comprendre.

Moi-même j'ai été, en commençant, un de ceux que la complication des phénomènes morbides et leurs affreuses dénominations grecques et pédantesques ont le plus effrayé. Cette frayeur même augmentait d'autant plus que, par l'étude de l'anatomie et de la physiologie, je m'enfonçais davantage chaque jour dans la contemplation de l'extrême complication de la machine humaine et de ses différentes parties, jusqu'aux plus minimes. Moi-même, j'ai regardé aussi bien des maladies comme incurables, jusqu'au moment où j'ai vu de simples paysans et de vieilles femmes réussir à guérir là où des savants renommés dans les écoles échouaient complétement. Dès lors j'ai compris que les médicaments, surtout les homœopathiques, n'*effectuent pas cette réparation nécessaire de l'organisme*, mais qu'ils ne servent *réellement* qu'à donner une impulsion régénératrice à l'organe affecté, afin qu'il se guérisse lui-même par la révivification de la vitalité qui existe en lui.

Je reconnus aussi que le *manque de vitalité* est la *cause réelle* de toutes les maladies, et que le magnétisme est l'agent qui anime *le plus* cette vitalité. Alors je repris courage et je parvins ainsi, malgré les désorganisations apparentes, à guérir des maladies réputées incurables.

La santé, c'est l'*harmonie* et l'*équilibre* de cette *force vitale dans tout l'organisme*. La maladie, c'est le *dérangement* de cet équilibre dans quelques-unes des parties de l'organisme. Or, le magnétisme est *le meilleur agent* pour *rétablir* cet équilibre, soit par l'imposition des mains, soit par l'insufflation ou par des passes sur la partie souffrante ou sur l'organisme tout entier. Néanmoins on ne peut nier qu'aidé de quelques-uns des traitements des différents systèmes thérapeutiques, le magnétisme ne puisse guérir plus promptement. Ceci reconnu, quel est le magnétiseur consciencieux qui ne ferait point usage de l'expérience et des connaissances qu'il a puisées dans les autres systèmes pour rétablir plus vite son malade et qui n'emploierait même, s'il le fallait, le secours de ses confrères. Mais il est des cas où l'on ne doit pas recourir à d'autre mode de médication et où l'emploi du magnétisme *seul* suffit complétement, comme par exemple : dans les maladies purement nerveuses et dans les affections spasmodiques.

Dans tous les autres cas, rejeter, par amour exclusif pour la science magnétique, tous les autres remèdes, c'est agir, pour nous, médecins magnétopathes, aussi peu consciencieusement qu'agissent les allopathes et les homœopathes quand, envieux des succès du magnétisme, ils se ferment volontairement les yeux, se bouchent les oreilles et se croisent les bras.

Non, le magnétisme n'est point un remède universel, mais c'est du moins la plus importante de toutes les méthodes curatives, puisque dans toutes les maladies il peut être employé salutairement comme un principe de vie et comme une force vitale qui domine tout!...

Cette puissance curative du magnétisme n'étonnera personne quand on cherchera à connaître et que l'on saura quelle influence le magnétisme exerce sur l'*appareil nerveux*, sur l'action et sur le jeu des nerfs. C'est ce jeu des nerfs (spasmes) qui de tout temps s'est montré le plus rebelle à la science des médecins qui s'efforcent en vain aujourd'hui encore de le combattre par leurs remèdes impuissants. Ce mal ne cède qu'à un seul moyen spécifique : le magnétisme.

Toutes les chaleurs inflammatoires se changent en sentiment de froid sous l'action du magnétisme. Toutes les parties affectées commencent à transpirer intérieurement et extérieurement, et ces transpirations produisent ainsi des expectorations et des évacuations. Nous ne demanderons donc pas dans quelle maladie ce remède ne serait pas utile?.. Et si nous reconnaissons aux animaux des propriétés électriques et magnétiques, pourquoi refuserions-nous d'admettre chez l'homme, ce roi des animaux, des propriétés semblables, propriétés que sa puissance nerveuse pourrait d'ailleurs lui donner? Pourquoi aussi contester à cette puissance une vertu de guérison, puisque nous rencontrons journellement dans la création de nouvelles forces curatives, et qu'à chaque instant nous découvrons d'autres mystères, preuves irrécusables de l'immensité des propriétés de la nature et de notre ignorance qui nous les fait dédaigner.

Or, bien que le magnétisme et le somnambulisme soient inaccessibles au monde matérialiste, ils n'en existent pas moins dans la nature comme dans le monde spirituel; et peut-être ne sont-ils qu'un moyen dont Dieu se sert pour détruire peu à peu le matérialisme, et convier la race humaine tout entière aux bienfaits du spiritualisme. Ce n'est pas au spiritualisme à descendre, à s'abaisser, mais bien au matérialisme à s'élever jusqu'à lui, afin que par l'humilité l'homme puisse se rendre digne des bienfaits que la Providence lui offre. Ceci nous explique les graves erreurs que commettent parfois divers somnambules pour égarer les incrédules indignes, erreurs dont s'emparent aussitôt ces savants aveugles et qu'ils commentent d'une plume triomphale. Ils se félicitent et se vantent d'avoir une raison supérieure à celle des autres, ne se doutant point que ce qu'ils croient être la preuve de leur victoire n'est que l'effet d'une loi sainte et providentielle de la nature, qui ne veut pas *que la lumière se fasse* pour ces hommes superbes et raisonneurs (électriques). Encore quelques jours et l'incrédulité réduite aux abois s'avouera vaincue. *Le génie des maladies et leurs caractères se transforment* de plus en plus et continuellement, d'après mes observations et les aveux que j'ai pu surprendre à la médecine elle-même; elles deviennent toutes maladies nerveuses spasmodiques, la *nervosité* est déjà contagieuse et épidémique, c'est-à-dire générale, et ces affections s'attaquent principalement aux incrédules en magnétisme, c'est-à-dire à ceux qui *s'irritent* de son existence elle-même, et de sa puissance, et les tourmentent par des spasmes hypocondriaques et hystériques. Or, je suis curieux de voir comment, sans le magnétisme, et le *magnétisme véritable,* on combattra ces maladies : l'hypocondrie, l'hystérie et toutes les affections spasmodiques qui en sont les conséquences. Oui, voilà pourquoi le magnétisme est à nos portes! voilà pourquoi, et je ne cesserai de le répéter, il serait temps de faire étudier *rigoureusement, consciencieusement* le magnétisme dans les cliniques, pour pouvoir enfin arriver à combattre et à détruire ces impitoyables maladies, l'hypocondrie et l'hystérie, qui torturent, qui martyrisent si cruellement tant de pauvres malades.

Ces paroles de Charles Lafontaine sont frappantes de vérité : « Nous vivons, dit-il dans un siècle fertile en
« grandes découvertes; chaque jour la science fait des
« conquêtes nouvelles, chaque jour des vérités de la
« plus haute importance étonnent le monde.

« Le magnétisme est une de ces grandes et sublimes
« vérités que *l'intelligence de l'homme repousse d'abord*;
« son immensité lui cause autant d'effroi que de sur-
« prise, sa raison chancelle, et il *préfère nier* que de
« chercher à approfondir ces mystères qui semblent
« renverser les lois qu'il a déjà fondées et qui lui parais-
« sent immuables!... comme si la nature avait dit son
« dernier mot, comme si la science devait se condamner
« à une éternelle immobilité! »

Oui, le magnétisme opérera une révolution universelle dans la philosophie et dans les sciences. Et ce succès lui est assuré, dès que l'homme considérera la nature entière comme étant *continuellement* dans un état de *fermentation continue,* dans une disposition *toujours nouvelle* à produire des faits et des idées *toujours nouveaux,* qui ne sont que la conséquence des causes et des effets qui fermentent *sans cesse* dans ce *mélange* et de leurs différentes rencontres dans ce mouvement perpétuel fécondant, car alors il comprendra que semblable au soleil qui, seul parmi tant d'astres, influe si puissamment sur la *transformation continuelle* de notre nature et fait naître chaque jour par son action vivifiante des milliers d'insectes et de plantes; de même il admettra, dis-je, facilement avec nous que l'homme *spirituel* est un autre soleil vivifiant qui exerce son influence *mentale* sur les individus et sur leurs actions, arrivant par leurs nerfs jusqu'à l'esprit qu'il développe. Ces esprits alors différemment impressionnés à ces contacts différents font les idées nouvelles, les événements nouveaux des siècles, conséquence toute naturelle de cette *fermentation de la spiritualité,* loi primordiale, loi divine, dictée par la grande spiritualité de la nature, par Dieu!...

Seul, l'homme anime la terre par sa pensée et par ses actes; elle est inculte et déserte sans son activité, sans ses instincts, ses besoins humains. Que serait donc la terre, si elle était habitée par une humanité plus parfaite, plus chrétienne, plus catholique (plus universellement chrétienne)? et c'est là que le magnétisme (science du spiritualisme) amènera les hommes!... C'est alors que débarrassée *de ses ronces et de ses épines*, la terre serait transformée en un jardin délicieux, que le paradis terrestre, que l'âge d'or qui remplissaient l'imagination de nos pères, eux qui pourtant n'avaient encore pu rêver les innombrables jouissances que nous procure l'invention de la vapeur, du gaz, du télégraphe, etc., c'est alors que ces souvenirs gracieux et consolants d'un âge qui a disparu redeviendraient une réalité dans le présent. Quelle révolution ces inventions toutes récentes n'ont-elles point opérées dans le monde physique!... Quel pas immense n'ont-elles point fait faire à notre globe céleste!... Quels progrès pour le bien-être social!... Or, que ne fera pas le magnétisme? qui osera assigner une limite à sa course humanitaire et divine!..

« Mais il est dans le monde tant de gens qui se croient
« *esprits forts* parce qu'ils nient le surnaturel, et qui ne
« sont en réalité que des esprits... *bornés.* »

La plus grande difficulté qui se présente dans le magnétisme, pour nous autres hommes d'aujourd'hui, est celle-ci : C'est que pour exercer d'une manière *digne et efficace* le sacerdoce du magnétisme, il faut avoir le cœur et les mains pures ; autrement, on pourra obtenir, il est vrai, quelques effets, mais ils ne seront *jamais* salutaires, car *l'âme pure* agit *seule* sur l'âme et *apporte le salut.* Il faudrait avoir un cœur comme le prescrit le christianisme! Tous les sentiments *non trempés dans la charité universelle* et quelque élevés qu'ils puissent être d'ailleurs *arrêtent l'amélioration*, le bien que vous tentez. Un cœur compatissant peut *seul* guérir, le cœur devenu meilleur peut *seul* être guéri !... De là il résulte, évidemment, que la psychopathie est la branche la plus importante du magnétisme, puisque *ce n'est que par elle* que l'on peut arriver à une guérison *radicale*.

Voilà pourquoi jadis les prophéties avaient une puissance curative plus grande sur les peuples dont l'esprit et la ferveur religieuse étaient plus élevés.

Ainsi, plus l'homme s'élèvera vers son créateur, plus il s'efforcera de ressembler à Dieu par sa conduite et son cœur, mieux il guérira par le magnétisme, et plus aussi il lui sera facile de se guérir par lui-même. Il est vrai qu'on ne ressuscitera pas plus les morts, qu'on n'arrêtera sur le bord de leur tombe ceux pour qui l'heure aura sonné ; mais, par le magnétisme, on calmera bien des douleurs, et pour cela il ne faudra qu'obéir à la nature, suivre les voies les plus simples, voies d'au tant plus sûres et plus efficaces que l'on sera meilleur de cœur et d'esprit.

Ici, je ne me fais point le champion du mysticisme. Pour en convaincre mes lecteurs, je n'ai qu'à donner le résumé de ma méthode magnétothérapique, qui se réduit simplement à cette forme : S'approcher *cordialement* de son malade, lui donner la main, attendre que cette main devienne plus chaude ou plus froide, que le malade commence à bâiller ou à tousser, qu'il ait des *contractions* et des *pandiculations*. Quand vous êtes ainsi auprès de lui, un de ces effets se présentera certainement, alors ses nerfs seront imprégnés du fluide magnétique, et la guérison commencera dès que chez un malade il se déclare une douce transpiration; chez un autre des spasmes et par suite des excrétions; ou chez un troisième, des expectorations. En un mot, dès le premier jour il se produira des crises qui, habilement dirigées et continuées, suffisent constamment à l'expulsion de la maladie, mais qui dans *ces effets* agissent d'une manière d'autant plus efficace que le magnétiseur sera plus parfait d'esprit et d'âme, ou plus religieux, comme on voudra l'appeler. — Ceci explique les guérisons et les effets magnétiques opérés par les anachorètes.

Il est certain que plus l'homme se rapproche du Tout-Puissant par l'amour ou la prière, plus il amasse en lui cette *force* qui *enchante*, qui *enflamme*, qui *transporte*, qui *guérit*, en un mot : le magnétisme. Dès-lors, il est facile de comprendre *comment* opéraient autrefois les prêtres et les solitaires, et *comment* encore ces mots *salut*, *sainteté* et *santé* qui ne font qu'un, sont synonymes de *guérison*. Mais aujourd'hui que l'irréligion est à la mode et que chaque vice a son temple, chaque maladie est la conséquence d'une passion! c'est ce que je prouverai plus loin dans mon *psychomètre*.

Les hypocrites, les pharisiens, les docteurs de notre temps n'admettront point tout cela, je le sais, mais ces vérités n'en sont pas moins vérités. Un jour, ils confesseront que j'ai eu raison, quoique à cette époque encore ils ne doivent pas plus croire au magnétisme, que les juifs d'aujourd'hui ne veulent croire à Jésus-Christ. Et pourtant le Divin Maître a existé et ils jouissent tous les jours des bienfaits de sa venue ici-bas. De même, pour ces orgueilleux de la science, alors que le merveilleux mécanisme de l'*automate humain* sera expliqué à l'homme, quand il admettra le magnétisme comme son principal moteur et comme fluide nerveux d'où se déduit la cause agissant sur les fonctions de la vie, de la locomotion et sur ce mécanisme lui-même ; enfin lorsque l'homme aura appris à connaître et à rétablir par des spasmes le dérangement de ce mécanisme, de même ces orgueilleux ne croiront pas encore, et se drapant dans leur superbe et dédaigneuse incrédulité, ils nieront les faits plutôt que de les admettre.

Non, le monde médical n'arrivera jamais à ce mode d'emploi du magnétisme, car 1° pour les médecins, l'art de guérir est devenu *uniquement* un métier ; 2° à quelque école qu'ils appartiennent, ils sont trop exclusifs, trop systématiques : une preuve, c'est que ceux qui parmi eux exercent déjà le magnétisme n'en donnent pas moins la préférence à leur système, et ne regardent le magnétisme que comme un moyen *accessoire* au lieu de l'admettre comme remède principal, et de considérer, au contraire, comme remèdes *secondaires* tous les autres moyens curatifs. Si l'esprit de corps, si la passion ne les aveuglaient pas, s'ils voulaient approfondir consciencieusement le magnétisme, ils découvriraient et comprendraient alors jusqu'aux moindres de ses phénomènes qui, aujourd'hui encore, leur échappent. Ils observeraient que jamais un médecin ne s'approche du lit d'un malade sans que celui-ci n'éprouve tout aussitôt des phénomènes magnétiques tels que tiraillements, toux, froid, pandiculations, etc., (comme nous l'avons déjà dit); ce qui fait que le malade éprouve un bien-être quand le médecin l'approche et quand il le quitte : *faits connus* et avoués des médecins, mais dont ils n'ont point cherché à étudier la cause, et dont ils ne peuvent donner l'*explication*. Or, pour nous, l'*explication* est des plus simples, puisque nous avons prouvé que l'on ne peut s'approcher, *avec une intention magnétique*, même d'un homme sain sans que ce dernier donne des signes spasmodiques, c'est-à-dire des manifestations extérieures. Donc, en s'approchant *magnétiquement* près d'un malade, celui-ci fournira des indices sur son état d'indisposition et sur son dérangement intérieur. C'est ce que démontre mon *psychomètre*. Maintenant, avouez-le, quelle inappréciable facilité ces observations, ces connaissances des spasmes ne donnent-elles point au médecin véritablement observateur ainsi qu'à tous les autres plus superficiels, puisque cette *fermentation intérieure,* suite de l'approche du médecin, en se révélant par des *signes visibles,* devient le moyen de guérison du malade en servant à produire des crises, but que doit surtout s'efforcer d'atteindre le véritable médecin, afin de détruire les dispositions maladives que le corps recèle en lui-même !

Ce sont précisément les maladies chroniques qui exercent particulièrement leurs ravages sur l'humanité. C'est ce *désordre magnétique* qui est la seule cause véritable des souffrances de la race humaine. Comprenez-vous maintenant, aveugles obstinés qui lirez ce livre sans vouloir être convaincus, comprenez-vous la sublimité du rôle que le magnétisme est appelé à jouer ici-bas, quand les hommes l'auront fait science !...

Et vous, pauvres malades, vous qui êtes submergés dans cet océan des maladies, refuserez-vous *cette planche de salut* que je vous tends fraternellement? Soyez défiants, si vous le voulez, *vous en avez le droit;* mais du moins, forts de cette pensée *que Dieu est parfaitement bon,* quand vous aurez vu tous les médecins avec leurs systèmes vous étourdir inutilement de leur science sans vous guérir, essayez, acceptez le magnétisme, car, je le dis avec vous : *Dieu est bon,* et il a dû nous donner un moyen de refermer cette autre boîte de Pandore qu'ouvrit la médecine. Que l'homme en bonne santé apprenne à se connaître soi-même; qu'il acquière quelques notions de physiologie et de magnétisme, afin qu'au jour de la maladie il puisse appeler le médecin qu'il se sera judicieusement choisi à l'avance. Le progrès commence déjà à se faire sentir, et aujourd'hui, tout malade veut qu'on lui amène le médecin qui lui *plaît le mieux.*

Qu'on n'accepte point, le sourire du dédain sur les lèvres, le conseil que je donne ici. Que les médecins y prennent garde! déjà une amélioration notable se fait sentir, un pas immense est fait! Il suffit de regarder autour de nous, et nous verrons que chacun se mêle de se traiter lui-même selon l'un ou l'autre système; et le public s'éclaire et s'édifie assez sur la science infaillible des médecins, pour en être venu à les contrôler et à les censurer. La société commençant à faire le vide autour d'eux, la croyance en *leur art* n'étant plus qu'une habitude, qu'une *raison sociale,* il serait temps que les médecins *consentissent* à comprendre que cette négation sourde et toujours croissante a une *cause fondée,* qu'ils avouassent alors hautement, noblement leur *impuissance* (le mot est doux), et qu'ils demandassent au magnétisme la *foi* qui rend fort, l'*amour* qui console, la *force* qui guérit.

Toute science est un *bien* qui appartient à tous. Chaque homme devrait donc en apprendre au moins les éléments, ce qui ne serait pas une chose impossible. L'étude du magnétisme surtout serait une condition absolument nécessaire pour faire avancer notre vieille société, car le magnétisme est la pierre philosophale que chercha le moyen-âge! Lui seul donne une connaissance *exacte* et *sûre* de tous les phénomènes morbides physiques et psychiques qui se montrent dans l'homme et autour de l'homme. C'est le *réactif chimico-spirituel* qui enlève à nos nerfs et à l'atmosphère la rouille qui ronge et détruit (*corpuscules de Paccini et miasmes*); c'est le *conducteur* qu'il suffit d'appliquer pour qu'il indique le mal et pour qu'il le résolve.

Et c'est cet *appareil électro-magnétique* existant dans tout homme que la physiologie et la science dédaignent d'approfondir...

Chaque sens doit être *exercé* pour arriver à une perfection, et cela quand bien même la nature nous donnerait une disposition appelée *innée*. Cette vérité est encore un motif pour lequel il serait nécessaire de former des cliniques magnétiques dans les écoles médicales. Au nom de l'humanité qui souffre, formons donc des cliniques magnétiques. Hâtons-nous, avant que les infirmités nerveuses n'aient atteint de plus grandes proportions. Certes, je ne parle pas ici pour ceux qui récoltent abondamment chaque année dans ce champ immense dont la Mort est l'infatigable moissonneur; j'écris pour venir en aide et me joindre à ces hommes de bonne volonté et de cœur qui veulent faire de notre humanité rachitique une humanité saine de corps et d'âme, et qui, avec moi, rougissent de cette honte dont rougiraient le jardinier et le pasteur qui ne verraient autour d'eux que des plantes étiolées et des moutons souffrants, malgré les soins qu'ils n'auraient cessé de prodiguer pendant des années et des années à leur jardin, à leur troupeau, *jardin et troupeau confiés à eux seuls!!!*

Ce sont les *affections chroniques nerveuses* qui exigent et méritent en ce moment le plus d'attention, parce qu'elles sont le plus négligées. Quant aux maladies aiguës, les médecins réussissent souvent assez heureusement, et ces maladies ont leurs hopitaux et leurs cliniques. Mais dans les affections chroniques qui, dans la plupart des cas, ne sont qu'une suite de maladies aiguës, on échoue toujours : d'abord parce qu'il n'existe point de cliniques pour des affections aussi longues, et ensuite parce qu'on ne veut pas faire les dépenses nécessaires.

Cependant si on traitait dans des cliniques disposées *ad hoc* ces maladies et leurs principales suites, telles que la goutte, les scrofules, etc., on pourrait apprendre à les guérir radicalement. L'emploi du magnétisme bien entendu y jouerait alors le rôle principal. Quant à moi, je le déclare hautement, je n'ai *jamais* rencontré de cas spasmodiques ou rachitiques qui m'aient résisté, et que je n'aie point guéris par l'emploi du magnétisme, par les crises nerveuses.

Quoique les grandes révolutions nerveuses, telles que le magnétisme les produit, ne puissent être utiles que dans des cas dits *incurables,* et malgré toute la répugnance que m'inspire la magnétisation *sans rime ni raison* sur des *corps sains*, je n'en prescris pas moins constamment une action magnétique continuelle pour tous les cas chroniques, magnétisation d'ailleurs *toujours douce et qui doit être dirigée selon la nature de la maladie.* De là, les phénomènes qui en sont la suite et qui, judicieusement observés, font avancer toujours la guérison.

Le magnétisme est l'art de pénétrer dans l'intérieur de l'homme ; car ainsi que je l'ai dit, il suffit de s'approcher magnétiquement de tout homme pour qu'il s'opère chez lui une *fermentation intérieure* qui décèle son état pathologique, physique et psychique, ainsi que ses faiblesses. Cette *connaissance* est d'une extrême importance pour *individualiser* le magnétisme.

Pour activer en soi la source intérieure du magnétisme, il suffit de le *vouloir,* d'*animer* ce vouloir en *donnant* ou en *imposant* la main. La guérison s'opère en suite d'elle-même par la nature, qui nous révèle son activité soit par des bâillements, des pandiculations, des toux, des spasmes et des douleurs comme je l'ai déjà dit plus haut, crises qu'il faut soutenir et favoriser jusqu'à ce que la guérison arrive par *ce chemin* qui lui est et qui lui a toujours été propre, bien qu'inconnu jusqu'alors. Voilà tout.

Merci, mon Dieu! car bien souvent à mon approche j'ai vu la mort s'enfuir et disparaître. Bien souvent j'ai pu rendre la force et la vie à des corps usés, desséchés, épuisés, les rappeler à la santé par l'effet de ma présence et de ma volonté!... Votre fils n'avait-il point dit en Judée : « Celui qui croira en moi, pourra guérir ! »

Quelqu'étendue que soit la science magnétothérapique en ce qui concerne sa compréhension, ses phénomènes, ainsi que leur explication, elle est fort simple quant à son emploi, puisque bien souvent, pour opérer, il suffit d'une action instinctive et d'un attouchement, comme le prouvent mille exemples de bergères et de diverses personnes. Car ici, l'âme joue de part et d'autre le rôle principal, et certes on peut se fier à cette action *directe* et *réciproque;* et plus on est disposé à la confiance, plus on éprouve facilement et immédiatement cette action *réciproque*, et alors la crise puis la guérison suivent assurément.

Le magnétisme c'est la force curative qui pénètre tout, et celui qui l'exerce avec un cœur pur n'échouera jamais même dans ses essais; mais au contraire il se convaincra chaque jour de plus en plus de la puissance de l'activité mentale. L'incrédule seul demeure toujours environné de ténèbres; sa place est auprès des *esprits infernaux* et des *furies*. Qu'il nie et qu'il s'y réjouisse! Tout a deux voies, deux côtés : *la volonté de l'homme est son royaume céleste!*

Pour l'incrédule en magnétisme affecté de maladies chroniques, nous ne possédons qu'un seul remède magnétique : le haschisch. Il a la singulière propriété d'exciter en tout homme un spasme, le spasme du rire (le plus violent de tous), et de produire un véritable somnambulisme. Le haschisch pourra seul guérir les incrédules de leur incrédulité et les ramener au magnétisme. Il dispose tous les incrédules au magnétisme en ce qu'il fait *fermenter* en eux leur *force instinctive magnético-somnambulique*, et c'est pour cela que je conseille de l'employer toujours dans les cas pressants comme excitant spasmodique. Il fut aussi sans aucun doute, dans les temps anciens, employé en fumigation par les prêtres ou les prêtresses qui faisaient métier des prophéties, ainsi que dans les temples de guérison.

En un mot, la psychopathie, la psychothérapie magnétique, ce vrai magnétisme, constitue la seule méthode curative que l'on doive suivre dans toutes les maladies et dans tous les traitements qu'ordonnent les différents systèmes, et cela parce que :

1º Dans toute maladie, dans toute indisposition et même dans toute douleur, l'âme, comme nous le savons maintenant, est troublée, souffrante et mal disposée, et elle exerce par cela même et constamment une influence nuisible sur la maladie ;

2º Parce que la cause de la plupart des maladies se trouve principalement dans cet état même de trouble de l'âme, dans de mauvaises habitudes, et partant dans les organes rendus malades par ce trouble ou par ces habitudes, ainsi que je l'ai démontré longuement dans mon *catéchisme du magnétisme*, année 1845, et dans mon *psychomètre*, fragment de mon ouvrage sur le magnétisme, année 1851.

L'activité et l'état d'indisposition de l'âme dans l'homme malade pendant sa jeunesse, comme plus tard, jouent d'après notre théorie le rôle principal, tant au moment où se produit la maladie que pendant son cours ; la connaissance de ces faits, c'est-à-dire la science de la Magnétothérapie, est donc indispensable pour la guérison de toute affection ainsi que pour l'application de toute méthode curative. Il résulte de là que la psychopathie, la psychopathie magnétique, les *soins donnés à l'âme* peuvent s'employer partout et toujours, et auraient dû être employés de tout temps dans toutes les maladies.

Le monde ancien le pressentait, disons mieux, il le savait. Dans ces temps primitifs, le sacerdoce et la science de guérir étaient réunis, et aujourd'hui encore, cette méthode est instinctive, irraisonnée dans les masses, parmi certains peuples, qui pour toute indisposition légère font appeler le prêtre. Mais depuis que les pasteurs des âmes et les médecins se sont partagés entre eux des fonctions qui autrefois les réclamaient tous deux en un seul et même homme, ils ont malheureusement rétrogradé dans leur art et dans leur science; et comme toutes les sectes et corporations exclusives, ces deux puissantes corporations se sont péniblement traînées à la remorque des siècles et sont presque restées stationnaires. Cependant le temps et les maladies ont continué d'avancer, et maintenant et pour tous les cas, tous deux arrivent trop tard. Le prêtre, ce *sauveur des âmes, ne vient plus qu'au lit de mort,* où l'âme encore *incorporée* il est vrai, mais troublée et effrayée, *peut seulement encore regretter*, mais ne peut déjà plus rien *pour sa perfection*. Le médecin lui, ne voit le plus souvent le mal que lorsque la maladie a atteint son plus haut degré, et qu'elle est devenue rebelle aux remèdes et aux médicaments. — Certes, on ne m'accusera pas de faire ici des phrases. Ce que je dis est malheureusement trop vrai.

Je n'ai que trop d'exemples de ces vérités. Ainsi, quand j'annonçais encore à temps que la maladie était une affection scrofuleuse ou une phthisie au premier degré, les médecins, pour qui les symptômes qui me faisaient trembler étaient une lettre morte, souriaient de pitié et soutenaient au nom de la science qu'il n'en était rien, et quelques mois plus tard, quand le mal était visible même aux yeux des profanes, alors la médecine arrivait trop tard, et se retirait bientôt, vaincue encore une fois par la mort!... — Le *devoir* du médecin de l'âme, du magnétopathe, *n'est donc point seulement* d'approfondir à temps l'activité mentale de celui qui est confié à ses soins et de rechercher les moyens de guérir le corps, mais encore de l'*épier* à l'avance et toujours, d'examiner jusqu'aux moindres détails, de tout observer, et d'imiter le pasteur vigilant à l'égard de son troupeau.

Le médecin de chaque famille devrait reconnaître de loin et avant tout le monde les symptômes précurseurs qui révèlent une affection intérieure encore latente, et alors redoubler de soins sans perdre de vue les habitudes et les dispositions du sujet, et en tenant rigoureusement compte des miasmes et des épidémies du moment. Il ne doit pas attendre que la maladie ait éclaté sous une forme aiguë, ni traiter cette affection aiguë de manière à ce que le mal dégénère en affection chronique. Il faut aussi éviter de donner un faux espoir au malade en lui assurant qu'il est déjà guéri, ou le décourager ou le contrarier en se moquant de ses frayeurs pour chercher à le tranquilliser et à le dissuader s'il faisait voir quelque crainte en lui. Dans les cas d'hypochondrie et d'hystérie, les médecins ont pressenti qu'il fallait arracher les malades à leurs *sentiments fictifs* (inquiétude interne); et ici nous sommes d'accord avec eux. Mais comment arriver à ce but? Par le magnétisme du langage. La souffrance, l'irritation des nerfs, leur mouvement oscillatoire défectueux et mal réglé, les causes générales de la maladie, et par suite le *dépérissement progressif*, tout cela doit être *lié* et *modifié* magnétiquement par la parole et psychopathiquement par l'intention de l'âme, afin de changer ainsi l'activité vitale dépérissante en une activité vitale vivifiante.

Si nous considérons les maladies en général, nous voyons qu'elles ne sont que des discrasies, des affections d'un des organes séparé de l'activité générale de tous les organes ; voilà pourquoi la magnétisation et principalement le *massage* sur tous les organes agissent si étonnamment et si efficacement dans toute maladie, de concert avec les autres moyens curatifs, sur l'activité générale du corps tout entier.

Mais ce que je ne comprends pas, c'est que les médecins puissent se tromper si souvent sur le siége de la maladie et dans son diagnostic. Bien plus, voici deux esculapes au lit d'un malade, tous deux ont étudié dans une même école, c'est-à-dire qu'ils ont reçu des idées scientifiques uniformes ; écoutez-les en ce moment qu'il s'agit de faire de la pratique, et vous entendrez sortir de ces deux bouches deux jugements contradictoires sur la même maladie, et ils ordonneront deux traitements opposés. *Ab uno disce omnes.* Et ici, j'en appelle aux malades. Ils avoueront que chaque médecin qu'ils ont consulté leur a dit relativement à leur mal des choses entièrement opposées entre elles, et que ce qu'ils ont le mieux compris de tout le verbiage *latino-grec* et à travers les opinions contradictoires des médecins, c'est que ces messieurs ne *comprenaient rien* à leur maladie. — Quant à moi, je veux bien croire que ces messieurs de la médecine sont de bonne foi, que chacun croit que son collègue s'est trompé et est convaincu que lui seul est dans le vrai ; je suis même certain que c'est là la conviction secrète de chacun. Mais ce que je ne puis comprendre, c'est qu'après tant d'années d'étude ils ne puissent pas arriver à reconnaître les maladies (causes et conséquences), et qu'ils m'aient si souvent laissé tant d'erreurs à redresser, tant de fautes à réparer.

Ainsi parmi la foule de malades désespérés qui venaient en dernier espoir me trouver et implorer les secours du magnétisme, j'ai rencontré tant de maladies dont la cause était si simple et si facile à reconnaître, que je me demandais souvent : à quoi servent les cliniques et la science ? Moi aussi, j'ai d'abord étudié dans leurs livres et puisé à la source commune. Mais quand j'ai vu que la *science médicale* n'apprenait pas à guérir, que ce n'était qu'une aveugle égarant d'autres aveugles, alors j'ai abandonné les voies *inutilement* battues depuis si longtemps ; j'ai cherché avec confiance en Dieu et amour pour mes semblables, et le magnétisme s'est révélé à moi, et *j'ai guéri... toujours!...*

Tout médecin sait que chaque homme a son *caractère maladif* gravé pour ainsi dire sur le front. C'est là qu'il faut lire. Si les médecins, mes collègues, avaient égard *à ce caractère* qui est propre à chacun, ils sauraient que tout homme ne peut être affecté que d'une maladie correspondante à ce même caractère, et ils ne se tromperaient plus dans la manière d'envisager et de traiter les maladies chroniques. Alors le système de l'un serait celui de tous les autres. Puis, ayant trouvé les moyens d'agir le plus favorablement sur tel ou tel caractère, moyens qui doivent s'opposer à la maladie, c'est-à-dire au développement de cette discrasie, le diagnostic serait le même, et ils traiteraient aussi suivant une seule et même méthode. Tout médecin, même le plus neuf en pratique, reconnaîtra tout d'abord et sans craindre le danger de la contradiction qui fait hésiter, reconnaîtra, dis-je, ces dispositions, ces tendances, ce caractère des maladies particulières à l'homme ou à la femme. Alors, traitant avec connaissance de cause ces premiers symptômes de la maladie, *particulière* peut-être au temps et à l'individu, il la préviendra, l'arrêtera dans son développement ou la dirigera, mais certainement il la guérira. Voilà ce qu'on devrait apprendre dans les écoles. Voilà le moyen le *plus sûr* pour *étouffer* ou *régler sagement ce germe* et obtenir la guérison. Cela vaudrait mieux, je crois, que d'enseigner aux élèves à se poser en sectaires ridicules, différant d'opinions qu'ils ne comprennent pas toujours, et se trouvant si diamétralement opposés l'un à l'autre, que le diplôme de l'un *annihile* celui de l'autre. Ce que je propose, je pense, est bien préférable, et, j'en suis sûr, les malades intelligents seront de mon avis.

La providence de Dieu est infinie, et dans sa bonté elle a voulu que les dispositions maladives ou les infirmités futures de l'homme se révélassent en lui dès son enfance la plus tendre. Ces symptômes de nos maladies, conséquence de notre nature humaine, tournent à notre bonheur par leur manifestation elle-même, puisque les connaître alors c'est les vaincre. Ils sont du reste si manifestes dans chaque individu, *qu'il faut l'œil exercé de la science pour ne les pas voir* [1]. Comment ne s'est-on pas attaché à examiner scrupuleusement, à l'apparition de *toute maladie*, si le malade était *naturellement* phthisique ou hectique, hypochondriaque ou hystérique, lymphatique ou néphrétique, hémorrhoïdaire, bilieux ou chlorotique, nerveux ou spasmodique, arthritique ou rachitique? Cela est si facile à voir et surtout si essentiel à savoir.

---

[1] Le bonnet doctoral est généralement trop grand pour les médecins, il leur tombe sur les yeux.

Ces différents états sont tellement singuliers et faciles à connaître, que je croirais manquer aux médecins en leur en indiquant les signes caractéristiques. Rien qu'en nommant ici ces affections, les symptômes, l'*image*, doivent s'en représenter à leur esprit. Combien de fois pourtant, en traitant tel ou tel malade, n'ont-ils point vu apparaître les symptômes d'un de ces états, alors même qu'ils devaient le moins s'y attendre. Et cette circonstance, loin de les faire réfléchir, ne les empêchait point cependant de continuer leur traitement quand même. Or pourquoi ces contradictions, pourquoi ces meurtres?... *Magister non dixit.* Et les malades meurent... Mais tout est perdu, fors l'honneur de la science !

Comprend-on maintenant pourquoi il est si important, si nécessaire de bien connaître les dispositions naturelles des individus, en présence des mêmes symptômes, d'une maladie semblable? Comprend-on maintenant qu'il faudra traiter souvent ces mêmes symptômes par des traitements différents? Et je le demande, est-ce là encore une fois ce que l'on enseigne dans les cliniques ? Cette question fondamentale que je pose ici, y est-elle seulement connue ? Non ! On y demande uniquement : quelle maladie ? quel remède ? Et tout est dit. Quant aux dispositions naturelles, normales du sujet, on n'y pense pas. Aussi combien de pauvres malades j'ai vus quitter le monde, tués consciencieusement et scientifiquement par leur médecin qu'égarait la science[1] ! Combien aussi en ai-je sauvé qui m'arrivaient encore à temps, et qui vivent encore parce qu'ils ont suivi un traitement opposé à celui qu'ordonnait la Faculté !

Ainsi chez les individus arthritiques et hystériques, les états congestifs et inflammatoires qui paraissent si dangereux ne le sont point en magnétothérapie. Et, au contraire, chez certains malades *apathiques*, grand nombre d'affections que l'on croit légères sont mortelles : ce sont tous les genres de maladies organiques malgré leur insignifiante apparition, parce qu'elles envahissent et parcourent tout le corps, et que ce que l'on aperçoit se déclarer comme étant hectique, tuberculeux, hémoptysique, phthisique, scrofuleux, fièvre lente, *n'est qu'une modification du sang.* Si on avait examiné plus attentivement le sujet, auparavant ou dès sa jeunesse, ou si l'on prenait des renseignements, si l'on observait, on reconnaît à l'inactivité des glandes te de la peau, ainsi qu'à sa blancheur mate, à la transpiration fétide, au ventre ballonné, aux éruptions dartreuses ; à tout cela on reconnaîtrait, dis-je, que le sang et par suite les organes sont constamment devenus plus viciés et plus maladifs. Le premier de-

---

[1] J'ai vu trop souvent prendre des spasmes pour des inflammations, et les traiter par des saignées.

voir du médecin de la maison aurait dû être avant tout d'agir sur les symptômes précurseurs des maux physiques et psychiques, d'agir sur eux jusqu'à leur destruction. Supposons-nous un instant agronomes, économistes, etc. Que dirions-nous si nos bergers et nos directeurs de haras ne nous élevaient que des moutons, que des chevaux malades, s'ils faisaient de leurs bêtes ce que nous voyons que les médecins font des hommes? Quelle ne serait pas la gravité de nos réflexions et notre empressement à mettre un terme à ce desordre!—Mais je me trompe sans doute, car j'entends dire assez universellement que les hommes sont parfaitement soignés par les Facultés et par ceux qui ont le privilége d'exercer l'art de guérir, par les prêtres et par les pédagogues. Heureux ceux qui croient! Le croyant n'a pas besoin de preuves pour étayer sa foi.

L'obésité comme la maigreur maladives peuvent certainement se régler dans l'homme aussi bien (qu'on me passe la comparaison) que chez le cheval, le bœuf, le mouton, les poules et les oies. Il nous suffirait pour cela de consacrer autant de soins au développement physique et psychique de l'homme que nous en donnons à l'éducation de nos animaux domestiques. Quelle propreté minutieuse, quelle nourriture choisie, quelle occupation régulière et bien entendue pour que ces animaux prospèrent! et quand tout cela leur est rigoureusement dispensé, peu trompent l'attente de l'éleveur. Pourquoi les hommes se développent-ils seuls si mal? Pourquoi l'espèce humaine va-t-elle toujours dégénérant[1]? Parce que pour l'éducation des animaux, on suit scrupuleusement les préceptes et les règles de Fellemberg, de Sind, de Thaer, mais que personne ne s'imagine d'appliquer à l'éducation de l'homme les principes de Pestatozzi, de Jacotot et de Niemaier. Et cependant c'est par cette éducation seule qu'il est possible de faire perdre à l'homme ses habitudes *bestiales* et de *le relever jusqu'à l'humanité*. C'est avec les principes de ces hommes qu'on arrivera à préserver la race humaine de la maladie et de la ruine, qu'on arrêtera l'homme sur le précipice de sa décadence manifeste, et qu'on l'empêchera de s'étioler spirituellement et corporellement. Le but est noble, et le chemin pour y arriver est facile et tout tracé, ainsi que nous le verrons plus loin.

L'homme est à refaire. Le magnétisme seul peut le régénérer. Il est l'agent curatif le plus puissant et en même temps le plus *simple*, le plus *naturel*, lorsqu'on l'emploie d'une manière *simple et naturelle;* et à cette heure où j'écris, il est donc le *plus nécessaire*, puisque déjà tout enfant est aujourd'hui ou hypocondriaque ou hystérique.

---

[1] Les conseils de révision sont là pour dire si je me trompe ou si j'exagère.

Toute mauvaise habitude a pour conséquence un besoin *faux* de l'âme ou du corps, et alors, comme en toute autre maladie, la force et l'harmonie vitales sont troublées, et le magnétisme et sa psychopathie se montrent comme l'agent le plus *égalisant*, le plus *calmant*, le plus *vivifiant* et en même temps le plus commode dans la pratique. Car, ainsi que nous l'avons dit, il suffit de donner la main, de tenir celle du malade, de poser la sienne sur la région souffrante, et enfin de faire des passes pour que le sujet (un enfant par exemple) éprouve de l'allègement, se trouve fortifié, ressente un bien-être en même temps qu'une sensation d'égalisation, et pour que la maladie soit peu à peu vaincue jusqu'à ce point de faire disparaître les dispositions elles-mêmes hypocondriaques ou hystériques.

Or, par le rapport continu entre le sujet et le magnétopathe, il s'établit une santé *spirituelle, pour ainsi dire contagieuse*, qui se développe et se communique comme il arrive dans les épidémies. C'est pourquoi on peut réunir dans une même chambre des malades affectés de maladies chroniques, jeunes et vieux, et les exposer là en commun à l'influence magnétique sous l'action *accidentelle* d'un magnétiseur. Beaucoup de maladies se guérissent ainsi ; et cela nous explique le *Baquet de Mesmer*. Ainsi, lorsque l'influence de la chambre commune (du salon magnétique) produira des réactions suffisantes, alors je conseillerai *toujours* de n'employer aucun autre moyen de guérison, et d'avoir soin surtout de ne pas gêner ni troubler la nature dans ses opérations.

Dans les maladies aiguës ou chroniques, l'emploi de la force vitale magnétique, comme Mesmer l'a démontré, et ainsi que nous le recommandons dans notre *méthode perfectionnée*, reste le remède principal, quels que soient les cas et les individualités ; et en supposant que l'on croie devoir traiter la maladie d'après un autre système, la manière d'envisager n'en doit pas moins toujours rester magnétique.

Le corps humain est de toutes les machines la plus compliquée ; c'est une machine végétative, dont le mécanisme, soit le végétatif, l'auto-conservateur, le mécanisme fonctionnant ou l'usuel est dirigé par le magnétisme des nerfs, c'est-à-dire par le magnétisme du cerveau. Donc tout dérangement, même de la plus petite partie de cette machine, qu'il soit physique, psychique, végétatif, intellectuel ou mécanique, ne doit être considéré que comme un manque de fluide dans les parties respectives du mécanisme, et ce changement, ce *mal* ne peut être réparé que par *l'égalisation*, *l'addition* ou la *direction forcée* du magnétisme des nerfs dans la partie affectée.

Le magnétisme employé selon les principes émis dans cet ouvrage produit le plus sûrement cet effet. Voilà pourquoi il est si important de l'enseigner dans les cliniques, de répéter et d'approfondir les expériences que l'on a faites jusqu'à ce jour, de les combiner, de les classer selon des règles. De même, on devrait apprendre aux enfants que leur corps (leur machine) ne se meut que par le magnétisme, et que ce corps se perfectionne ou se détruit selon que le magnétisme est bien ou mal conduit en lui par l'homme.

L'ignorance où l'on vit de la force motrice de notre machine, malgré tous les progrès de l'anatomie et de la physiologie, est la seule cause de l'oubli dans lequel on a laissé jusqu'à ce jour le magnétisme qui est pourtant l'agent curatif par excellence. C'est cette ignorance qui nous empêche de nous servir de ce moyen le plus naturel, le plus à notre portée, le plus facile; agent qui, dans les âges les plus reculés, a été employé comme panacée universelle, et qui probablement, à cause de cette universalité d'usage, *est tombé dans l'oubli*. Et ainsi, à force de rechercher de nouveaux modes alimentaires et curatifs, et d'essais en essais, on a fait dégénérer la race humaine. C'est donc à nous, et il en est temps, de revenir sur les pas des siècles, et d'employer, pour le bonheur de l'humanité, le don céleste qui fortifiait nos pères, l'agent préservatif et curatif le plus ancien, le plus simple et le plus utile : le magnétisme. Que le magnétisme soit ce qu'il doit être, une science; et alors chacun saura que s'il souffre, *il ne souffre que dans son magnétisme*, et que tout homme *bienveillant* (*benè volens,* voulant magnétiquement) peut le soulager, c'est-à-dire le soutenir, favoriser la guérison du malade *par le malade lui-même.* Et l'homme bienveillant, voulant le bien avec une intention magnétique, s'approchera (comme nous l'avons dit déjà tant de fois) de son frère malade, lui prendra la main, ou touchera la partie de son corps souffrante, inactive, et à l'instant même la guérison aura commencé; bientôt elle sera complète.

Voilà le magnétisme ! voilà la magnétothérapie !...

CONCLUSION.

Le Magnétisme existe-t-il, oui ou non? Présente-t-il, oui ou non, dans les accès hystériques, des phénomènes somnambuliques et magnétiques? Est-il, oui ou non, possible d'exercer une action magnétique sur des malades et quelquefois sur des hommes sains?... Sur toutes ces questions le monde médical est d'accord, et loin de douter, il répond naturellement : oui. Mais ce que les médecins reprochent aux magnétiseurs, et peut-être avec raison [1], c'est que le magnétisme n'est pas suffisamment *perfectionné* pour pouvoir être accepté comme méthode curative; que la plupart de ses partisans ne sont que des *illuminés*, des exaltés; que leurs cures le plus souvent ne sont que des tours de force, des jongleries concertées entre les magné-

---

[1] Voyez mon *Opinion sur le magnétisme tel qu'il est professé à Paris*, à la fin de ce volume.

tiseurs et les magnétisés ; enfin que dans les traitements magnétiques d'aujourd'hui on s'attache plutôt à approfondir les phénomènes qui se produisent pendant le cours de la maladie, qu'on ne s'applique à obtenir la guérison. Voilà le reproche, est-il mérité?..

Si nous considérons la somme des connaissances magnétologiques de nos magnétiseurs modernes, nous trouvons que les *plus avancés dans cette science ne savent en réalité qu'une seule chose*, c'est que le malade peut être plongé dans un état extatique de spasmes, soit par une volonté forte, soit par des passes opérées de différentes manières et suivant diverses méthodes, et que dans cet état il faut attendre les effets et les phénomènes qui doivent suivre, afin que lorsque ceux-ci se produisent trop violemment, on puisse les *modérer* selon telle ou telle méthode.—Et voilà tout... Ils n'en savent pas plus. Ils l'avouent eux-mêmes et sont satisfaits lorsqu'ils ont ajouté : *Quant au reste, cela se trouvera.* Oui, c'est là tout le bagage scientifique de nos magnétiseurs ; on pourrait même dire que c'est là tout ce qu'ils voudraient ou plutôt tout ce qu'ils veulent savoir[1]. Mais déjà la science les pousse en avant.

---

1 Je répéterai encore ici ce qu'ils ignorent et ce que j'ai dit longuement dans mes précédents ouvrages sur le magnétisme et sur les symptômes morbides, à savoir : que toute maladie a pour effet de produire un défaut ou un excès d'activité dans quelque organe ou dans quelque système vasculaire. Cette inactivité ou cette activité excessive d'un organe

CONCLUSION. 217

L'explication physiologique et psychique des phénomènes magnétiques, le but naturel, providentiel de ces phénomènes, l'examen phrénologique et contemplatif de la maladie en elle-même et de ses symptômes, principalement des spasmes, en un mot, une observation vraiment approfondie des différentes phases de la magnétisation, tout cela, autant que je le sache, préoccupe

ou du système vasculaire, soit par conséquent la paralysie, soit la surexcitation des muscles, dépendent des nerfs de ces muscles qui sont restés sans magnétisme ou qui ont été soumis à un trop fort courant magnétique.

Cette extension de la physiologie moderne d'après mes idées magnétiques, et de plus le progrès que ma doctrine prépare à la psychologie peuvent se résumer en quelques mots.

Toutes les sensations de l'âme et toutes les passions exercent une influence favorable ou nuisible sur tel ou tel organe, sur tel ou tel plexus nerveux de tel organe ou de tel système vasculaire, suivant que ces passions favorisent ou troublent le mouvement oscillatoire magnétique.

Il faut donc avoir égard à la bonne ou à la mauvaise disposition de l'âme qui accompagne toute maladie, afin de pouvoir connaître véritablement le siége de la souffrance. Il faut aussi que l'on influe méthodiquement (psychopathiquement) sur les dispositions de l'âme, afin de régler de nouveau le mouvement oscillatoire magnétique, et par là aider à la guérison.

La troisième proposition de mon système est que chaque homme en s'approchant d'un autre fait *fermenter* en lui sa force magnétique et la modifie soit salutairement soit défavorablement (il n'y a que peu d'hommes insensibles à cette action). De plus, j'ajoute que chacun agit sans cesse magnétiquement sur son semblable par le toucher, le regard et la parole. Mes préceptes magnétiques comprennent seulement l'emploi méthodique, psychopathique et psychologique du toucher, du regard et de la parole, et leur application dans les maladies. Ces principes peuvent servir à l'*éducation* des hommes en général et tendent surtout à détruire l'hystérie et la phthisie qui règnent sur la terre.

peu les magnétiseurs. Ces messieurs magnétisent, expérimentent, chacun pour son propre compte, d'après une méthode le plus souvent inventée par lui-même, sans jamais se rendre compte rationnellement du procédé qu'il emploie, mais attendant, comme je l'ai dit, avec une inqualifiable confiance, que le malade (par sa nature même en état magnétique), que le malade, dis-je, se guérisse lui-même.

Je ne veux pas contester que l'état magnétique tout seul, surtout par un traitement calme et convenable, ne puisse guérir et se guérir lui-même; mais il n'en est pas moins vrai que les magnétiseurs ne devraient pas s'en rapporter au hasard et se montrer aussi insouciants et du malade et de la science; car il est certain que chaque phénomène qui se présente dans le champ si immense et si varié du magnétisme se laisse mesurer, analyser et expliquer, ainsi que je l'ai fait dans mes œuvres (*Manuel de la magnétothérapie*). Et ces observations, ces explications s'augmenteront chaque jour et s'éclairciront d'après les préceptes que j'ai posés.

La maladie et les influences magnétiques doivent être physiologiquement et psychologiquement étudiées, et n'être jamais perdues de vue. Chaque phénomène doit être réfléchi et dirigé vers le but principal (c'est le jeu des échecs); c'est-à-dire qu'il faut savoir tirer profit du phénomène ou savoir le prévenir. Mais surtout il faut éviter de magnétiser en aveugle, c'est-à-dire, sans rime ni raison. Celui qui agirait ainsi, prouverait qu'il ignore ce que sont les nerfs et leur irritation et leurs désordres. La police médicale a bien pressenti le danger des abus, et sous ce rapport je la loue de son zèle, et je ne veux pas chercher si elle a eu d'autres motifs. Nous l'avouerons néanmoins, l'empirisme palpable de ces magnétiseurs a produit quelques bons résultats. Ils ont soulagé des malades atteints de spasmes et d'accès de somnambulisme, malades qui, sans eux, auraient été probablement forcés d'aller se faire soigner dans des établissements d'aliénés où ils n'auraient fait que dépérir, car là, leur maladie eût été encore moins comprise que partout ailleurs. Je ne m'élèverai donc point contre le développement excessif de l'emploi de l'influence magnétique en cas de maladie. Quant à la magnétisation sur les personnes bien portantes, j'ai déjà dit ce que j'en pensais, je ne me répèterai pas ici. Mes efforts tendront seulement à obtenir que tous les hommes s'occupent du magnétisme, mais surtout de la *science* magnétique, qu'ils y pénètrent le plus profondément possible, et qu'ils la systématisent pour *généraliser* par ce moyen l'emploi *méthodique* et *juste* du magnétisme, afin de faire arriver ainsi l'humanité à une connaissance exacte et bienfaitrice de cette science [1].

[1] Sous quel aspect la magnétothérapie enseigne-t-elle à considérer tous les hommes et toutes les maladies? — La Magnétothérapie envisage les

I.—PSYCHOPATHIE MAGNÉTIQUE.

La connaissance profonde, exacte, générale et naturelle du magnétisme et de son emploi pour le traitement des maladies, peut seule donner à l'homme les avantages si étendus et si bienfaisants que le magnétisme est destiné à produire. Quant aux *mystiques,* aux *illuminés,* aux *visionnaires,* il leur restera encore assez d'es-

---

maladies comme des plantes parasites, et classe les hommes comme le botaniste fait des plantes en général, suivant leurs périodes de germination, de développement, de floraison et d'extinction. De là il résulte une immense simplification des maladies et de leur traitement. Tandis que la science d'aujourd'hui se contente de donner des noms particuliers aux divers phénomènes d'une même maladie, et ne traite que les phénomènes aigus, c'est-à-dire une seule période de l'affection, mais jamais la maladie elle-même, le magnétisme, lui, s'attaque à la source même du mal. Ainsi la médecine traite comme une affection spéciale la manie, les éruptions dartreuses, les contractions goutteuses. Elle considère de même les spasmes, le somnambulisme naturel comme des maladies, mais jamais, ainsi que le fait la magnétothérapie, comme un *état de crises* d'une autre maladie ; de même les coliques et les vomissements ne sont pour la nature que le moyen d'expulsion du principe morbide. La médecine ne connaît pas davantage les salivations, les diarrhées, les éruptions scrophuleuses et goutteuses critiques (notamment l'éruption arthritique des dartres) ; elle veut guérir tous ces symptômes comme s'ils étaient la maladie elle-même, et elle trouble ainsi la crise de la nature en ne la laissant jamais se développer. On peut donc s'en convaincre par ces lignes : La médecine ne connaît pas même la forme des maladies !..

Comment en général distingue-t-on la maladie de la santé ? — Tout homme dont les fonctions mentales et corporelles, jusqu'à la plus inaperçue, se font dans *l'ordre le plus parfait,* celui-là seul est *parfaitement sain.* Au contraire, un seul mot, la plus petite affection hypochondriaque ou hystérique par la moindre gêne dans un mouvement musculaire quelconque, trop ou pas assez d'embonpoint, suffisent pour déceler un homme malade, c'est-à-dire, un homme qui porte en lui le germe d'une maladie ; peu à peu, et sans aucun doute, ce germe se développera et amènera

pace et de merveilles à exploiter, même quand l'usage du magnétisme sera devenu général ; car la nature est inépuisable dans la production de phénomènes nouveaux, et point n'est besoin qu'il y ait des *marchands de mystères* pour être convaincu de leur existence.

Donc il faut que le magnétisme devienne l'ami, le

ndubitablement une mort plus prompte que celle qui lui était assignée.

De cette manière nul homme n'est donc parfaitement sain ? — Non, *nul homme n'est parfaitement sain;* mais il ne suit pas de là que nul homme ne pourrait l'être, bien qu'une santé parfaite n'admette pas une manière de vivre comme la nôtre, avec les occupations, les embarras et les soucis de la société que nous nous sommes créés.

Ne pourrait-on changer cette manière de vivre ? — Nullement ; parce que l'homme ne se sert plus seulement de son corps comme autrefois dans l'Éden (si cela fut jamais), pour vivre et jouir, mais il est forcé par les lois de la société et par des besoins *créés* d'en faire une machine pour *acquérir*. Voilà pourquoi nous ne voulons plus voir dans ces machines humaines, dans les corps, que des *formes particulières* pour les différentes castes et les divers métiers de la société, formes plus ou moins heureusement engendrées, développées ou détériorées, c'est-à-dire saines ou malades. Car le non-usage comme l'usage outré des muscles par l'inertie ou par l'excès de travail amènent nécessairement ou trop, ou trop peu, ou point de fluide magnétique ; dans ce cas, il résulte évidemment qu'il en manque à quelque autre endroit du corps, et que ce manque de fluide doit affaiblir les organes environnants, qui alors, par leur activité diminuée, font souffrir l'organisme, par suite de quoi un principe morbide se dépose.

Qu'est-ce que le principe morbide ? — Les principes morbides de toutes les maladies, selon la magnétothérapie, sont les corpuscules de Paccini existant à la surface de tel ou tel nerf. Ils ne sont que le produit d'une action défectueuse quelconque, ou la conséquence d'une idée fausse. Ce principe morbide (corpuscules de Paccini) développe alors de l'électricité dans le sang de l'individu, par la friction (frottement des corpuscules

compagnon inséparable de l'homme. Encore un pas, et chacun s'apercevra enfin qu'il n'est lui-même qu'une *statue magnétique articulée, artificielle, vivante*, qui ne meut ses membres que par son magnétisme, et qui ne sent, pense, dort et veille que par lui.—De cette croyance universelle, il résultera que tout homme reconnaîtra immédiatement la cause de chaque trouble et de chaque gêne qui se manifesteront dans son organisme, par la sensation, le penser, etc., dans l'état de

qui sont sur les nerfs). L'électricité irrite les vaisseaux et augmente la circulation du sang, cette circulation accélérée augmente l'activité des poumons et du cœur, d'où vient la mauvaise régénération du sang qui est propulsé trop rapidement; de là alors une préparation morbide des lymphes dans les glandes, etc., etc.; enfin formation de mauvais sang qui vient se déposer dans diverses parties de l'organisme, où son germe produit la goutte dans les os (arthrite), ou des scrofules dans les glandes, ou des éruptions à la peau, ou des inflammations dans le sang; ou bien enfin il fait éclore des contractions, des affections organiques constitutionnelles et des paralysies, quand toutefois ces maladies ne sont pas expulsées d'abord sous forme liquide par certaines crises de la nature, telles que les rhumes, les toux, les diarrhées, etc., crises qui sont la suite d'un courant magnétique bien réglé.

De quoi dépend nécessairement le bon courant du magnétisme dans l'homme ? — Ce bon courant dépend d'une activité cérébrale convenablement dépensée ; la moindre indisposition l'arrête ou la modifie. Les plus petites dispositions maladives, comme celles que montrent l'hypochondrie, l'hystérie et les maladies de foie à leur principe, irritent toujours cette activité cérébrale et provoquent le dégoût, le mécontentement et les exagérations auxquelles on sait que ces malades sont ordinairement sujets.

Tout ceci d'ailleurs est démontré dans le *psychomètre* et dans le *magnétisme du langage*.

NOTE DE L'AUTEUR.

veille ou de sommeil. A partir de ce moment, il regardera toute indisposition, incapacité ou surexcitation comme étant un état de spasmes (inactivité ou suractivité magnétique des nerfs). Chacun saura alors que le toucher, le regard et la parole sont les *conducteurs magnétiques* de notre *batterie magnétique* (le cerveau); comment il peut remplir et dépenser ce *réservoir* magnétique; de quelle manière il peut concentrer sa volonté, et comment enfin il doit agir sur les malades par le toucher, le regard et la parole.

On sera alors convaincu que tout entourage magnétise ou électrise les malades par son *état*, par son *être* magnétique ou anti-magnétique, état que l'on peut ignorer soi-même. Les médecins, témoins de ces phénomènes, appelleront une réforme dans les hopitaux et apporteront plus d'attention dans le choix de ceux qui doivent soigner les malades. Les *infirmiers* et les *sœurs* seront l'objet d'une surveillance plus minutieuse, peut-être d'une réforme. Enfin, et pour tout dire en quelques mots, le monde médical aura ouvert les yeux, il comprendra l'influence du toucher, du regard et de la parole; il s'occupera plus scrupuleusement alors du personnel des hopitaux, enseignera le magnétisme et guérira en son nom. Tous pouvant acquérir les connaissances magnétiques, tout malade pourra reconnaître lui-même ses propres troubles ou ses dérangements magnétiques, puiser de la force dans un entourage bien aimé, et ainsi *se magnétiser lui-même*. En attendant cette conversion de la médecine, l'*auto-magnétisation* échappe, grâce à Dieu, au contrôle des médecins; de même que le magnétisme par le regard et la parole (*magnétisme du langage*). C'est cette magnétisation que j'ai inventée pour échapper à leur surveillance inquiète, jalouse et funeste, que j'ai su rendre suffisante pour conduire, pour ainsi dire, magiquement le malade à travers toutes les phases de la magnétisation jusqu'à la guérison. On n'a donc, je le dis une dernière fois, qu'à s'asseoir tranquillement au lit du malade, à *beaucoup* s'occuper de lui *mentalement* et *selon nos règles*, et la position s'améliore, et la maladie finit par disparaître. Si des spasmes sont nécessaires, il les éprouvera, il tombera en somnambulisme, il y avancera jusqu'à l'*auto-magnétisation* et jusqu'à l'*auto-guérison*, et cela uniquement par ce soutien magnétique qu'on pourrait appeler magique : l'*attention artistique concentrée* du magnétiseur sur le malade.

Que cet art devienne universel, et c'est là tout ce que demande pour l'humanité souffrante et pour le magnétisme,

Leur inébranlable défenseur,

SZAPARY.

11

MAGNÉTISME DU LANGAGE

Extraits de l'*Examen Auto-Critique* de ma *Théorie du Magnétisme*, publiés en 1850.

LE MAGNÉTISME COMME SYSTÈME

§ 1ᵉʳ. — Sur la première et la plus importante question : « Qu'est-ce que le Magnétisme considéré comme science ? »

L'auteur nous donne sa définition : le Magnétisme, dit-il, est l'étude de ce fluide naturel qui manifeste son activité à chaque mouvement d'un de nos organes; voilà pour le magnétisme chez l'homme à l'état normal. Pour l'homme à l'état pathologique, le magnétisme enseigne la méthode à suivre pour le rétablissement du courant primitif et de l'activité naturelle dans les différents tissus de l'organisme nerveux.

Cette définition est uniquement pour ceux qui prennent la *manifestation* de la maladie pour la maladie elle-même, et qui veulent traiter tout état anormal comme un défaut local. Voilà pourquoi l'auteur dit que tout phénomène pathologique, quel que soit d'ailleurs l'organe intéressé, est un dérangement de tout le fluide d'innervation, et que ce phénomène doit en conséquence être traité comme tel. L'organisme tout entier réclame alors l'égalisation ; de là il résulte que toute partie souffrante ne peut être guérie que par le rétablissement de l'ensemble.

Ceci soit dit pour le magnétisme qu'il faut appliquer *mécaniquement* aux guérisons, magnétisme que technologiquement nous appelons : *magnétisme appliqué.*

Passons maintenant à la définition proprement dite du magnétisme.—Le magnétisme est l'étude de l'union qui existe entre l'esprit et la matière, pour constituer l'unité de l'homme.—L'action du magnétisme a lieu : 1° sur l'homme, à la fois sur son esprit et sur son corps, c'est-à-dire, sur *l'union* des deux ; 2° sur le corps seul ; 3° ou sur l'esprit seul, selon qu'après examen, on trouve que le désordre est dans l'union ou dans les éléments hétérogènes (esprit et corps) qui composent l'homme.

§ 2ᵉ.—Quelle est la profession de foi du Magnétisme ?

Le *credo* que nous donne l'auteur sera sans doute difficile à répéter pour quelques-uns, et surtout pour ceux-là qui sont connus comme étant les échos des coryphées de la médecine allopathique. Il s'agit ici de la croyance à une *force médicatrice primitive, à l'action curative* de la nature, à des remèdes que l'on ne trouve ni dans des corps étrangers, ni dans les trois règnes de la nature, mais bien dans l'homme lui-même et dans son organisation. — Il s'agit plutôt d'*éloigner* les maladies que de les *guérir*.

Lorsque le courant du fluide nerveux est irrégulier, cet état anormal de l'organisme humain est une *anomalie*. Tout phénomène pathologique montre donc que ce courant d'innervation, cette source de vie est gênée, troublée. Éloignez la cause du trouble, et la maladie disparaît.

Comme preuve de la vérité de cette assertion, l'auteur ajoute qu'aucun mouvement musculaire ne peut avoir lieu sans le concours et l'activité des nerfs spécifiques de chaque organe; qu'aucune idée ne peut être conçue, et que même les mouvements qui semblent involontaires, tels que les battements du pouls, du cœur et des poumons, ainsi que l'activité sympathique, ne peuvent avoir lieu sans ce concours. De même il est impossible sans lui de produire la sensibilité ou la vie, qui consiste dans le mouvement.

Le § IIIe divise le Magnétisme en magnétisme *général* et *spécial*, ou en magnétisme *cosmique* et *anthropologique* (purement humain). Les lois de Kepler et de Newton qui déterminent et expliquent l'orbite des sphères célestes et leurs distances constamment égales et maintenues par les forces identiques d'attraction et de répulsion, ces lois, disons-nous, sont pour nous des théories au moins embrouillées, nécessitées par le besoin d'établir une hypothèse quelconque. Le *lien* qui assujettit les corps célestes et qui trace les orbites dans lesquelles tous les corps se meuvent, est pour nous le magnétisme : *une force et une cause, qui produisent les effets les plus divers.* Et cette même cause qui régit le monde, développe et arrête aussi l'activité dans l'homme, dans le microcosme. La division que l'auteur a établie, et par laquelle le magnétisme est partagé en magnétisme cosmique et anthropologique, est uniquement *relative à ses effets.* La *force* est une; elle est dans l'étendue incommensurable de la voie céleste comme dans l'étendue cosmique que l'homme occupe.

Enfin, cette *force* n'agit pas seulement sur l'homme comme individu séparé, mais encore sur son état et ses rapports sociaux dans l'ensemble de l'espèce entière; et de plus, ses effets se produisent par une loi éternelle et immuable.

Le § IVe explique le but du magnétisme, dans l'état normal de l'organisation humaine. La conservation de toutes les fonctions vitales et le développement régulier des forces spirituelles de l'homme sont uniquement dus au courant régulier du fluide magnétique à l'état parfait; c'est-à-dire que, lorsque l'esprit et le corps sont sains, nous n'avons pas besoin d'une influence étrangère, car alors le magnétisme agit librement par l'esprit même du sujet et toutes les fonctions de la vie, telles que le sommeil et la veille; toutes les sécrétions, comme celles des vaisseaux sanguins et lymphatiques, restent *normales* quand cet *esprit* est actif et quand il veille à la conservation de l'état normal.

Mais dès qu'il y a une manifestation quelconque de maladie, et que partant l'organisme entier se trouve dans l'état pathologique, alors l'esprit propre du malade ne peut plus produire seul le courant régulier du fluide magnétique, parce que l'esprit alors, par suite de l'état morbide de l'organisme, se trouve arrêté dans le développement de son activité et dans la faculté d'égalisation, c'est-à-dire de rappel de l'équilibre, de la guérison. Le magnétisme n'agit donc plus librement. Or, cette fausse activité de l'esprit propre le rend dépendant de l'esprit des autres, et le soumet à l'influence de cet esprit.

Quant à la manière dont cette influence de l'esprit d'autrui s'exerce ou doit s'exercer sur l'esprit malade, l'auteur nous donne une explication aphorismale et générale, *mais peu suffisante*. Maintenant nous allons éclaircir ce qu'il y a d'obscur et combler les lacunes.—Le livre que nous avons sous les yeux s'exprime en ces termes : « Comment le dirige-t-on (l'esprit) spiri-
« tuellement ?.. Par la pensée ou par l'influence de l'es-
« prit, et en même temps par la direction du fluide
« sur tel ou tel organe, par l'augmentation ou par la
« domination des différentes activités, par exemple :
« Pour irriter, on porte le courant sur le foie; pour

« exciter le sentiment, on le dirige vers le cœur ; pour
« porter à la méditation, on le concentre dans la tête. »
— J'ajouterai :

L'influence psychique ou la *magie du vouloir* en magnétisme nous a déjà donné l'occasion précédemment d'expliquer et de démontrer la vertu curative de l'esprit par l'influence qu'il exerce. La pensée bienveillante ou médicatrice du magnétiseur est doublement forte lorsque le malade le comprend, et lorsqu'il unit pour sa guérison ses efforts à ceux du médecin.

La résistance est innée chez nous. Et pourtant sans raisonner, sans le savoir, nous cherchons le mal, nous nous offrons à lui. Cette volonté de résistance est confusément instinctive, et quand même nous parviendrions à la bien reconnaître en nous-mêmes et à la pouvoir diriger, elle serait encore insuffisante pour éloigner cet ennemi (la maladie) qui tend à compromettre notre vie, elle serait impuissante et trop faible pour le mettre hors de combat. C'est donc le devoir du magnétiseur d'éveiller et d'augmenter ce sentiment naturel et incertain de résistance. Il y arrivera par la communication puissamment magnétique de sa propre et saine pensée avec l'âme du patient maladivement affecté. Or, toute communication se fait par la parole ; le *traitement curatif par la parole* est donc : le *magnétisme du langage*.

Nous voyons sans cesse, dans la vie habituelle,

comment les affections et les passions d'un individu peuvent être communiquées à un autre au moyen d'expressions heureuses et senties, et comment elles produisent en celui-ci les mêmes impressions que ressent celui qui parle. Le mot *compassion* exprime très-bien ce phénomène. Ainsi je me plains de ma souffrance, l'autre l'éprouve et la sent lui-même, *il a de la compassion*, c'est-à-dire il *souffre avec moi*. — Le rire, cette expression première de notre gaîté n'exerce-t-il pas la même sensation sur notre entourage? La peur et la frayeur, exprimées par le jeu du visage et par la parole, ne se communiquent-elles pas à chaque auditeur? Toutes les autres émotions ne sont-elles pas senties et comprises au moyen du langage? Si donc le langage sert à produire des émotions, c'est-à-dire des impressions maladives, pourquoi ne pourrait-il pas exercer une influence salutaire sur le caractère *troublé*, sur l'esprit *maladivement affecté?* De même que le musicien pour compléter un accord, touche plusieurs notes pour trouver la véritable, ainsi le magnétiseur doit parcourir la gamme des émotions de son sujet, chercher l'harmonie, éloigner les sons rauques et discordants, rétablir l'équilibre de la force spirituelle dans l'homme, en produisant par sa parole ces doux et bienfaisants accords qui doivent faire de cette union de toutes les impressions un tout harmonieux, un ensemble parfait.

II.—MAGNÉTISME DU LANGAGE.

Le langage n'est autre chose que l'*allégement* de la violence de nos sensations, de nos émotions; il est comme la soupape donnée à l'homme par la nature, pour que la pensée, l'impression, l'*effet* produit en nous, ne détruise pas notre organisation par *excès d'accumulation*. Chacun de nous a déjà éprouvé comment, en proie à un sentiment accablant, il s'en est débarrassé et délivré par la communication de ses impressions. Ce n'est pas en vain que la nature nous a donné ce besoin de parler, et la femme, qui ressent davantage, *doit parler plus et plus souvent* pour donner carrière aux impressions reçues et renfermées dans son cœur. — Nous communiquons la douleur et la joie à un autre par le langage : telle est la voie que la nature a assignée pour cette communication. Pourquoi alors ne pourrions-nous pas également *communiquer* la santé par le langage? — Le magnétiseur n'a qu'à explorer et à scruter les voies de la nature, et à utiliser ce qu'elle lui a appris. Il ne doit pas seulement connaître l'état pathologique de l'organisme de son patient, il faut surtout qu'il explore son passé, qu'il pénètre ce caractère souffrant, qu'il voie cette âme assiégée par les émotions et les passions; il faut qu'il calme et guérisse par sa pensée saine et magnétique la pensée malade de son patient, et c'est là ce que j'appelle : *influence psychique, traitement psycho-magnétique.*

Pour le magnétiseur, toute parole, toute conversation est une manifestation, une révélation du siége de la maladie; car toute tendance du caractère qui se fait connaître par *le parler* a sa cause, son siége dans l'un des organes qui constituent l'ensemble de l'homme; car *chaque parole procède d'un spasme ou d'une souffrance d'un organe affecté.*

C'est ici le lieu de faire connaître les découvertes que nous avons faites dans le domaine du magnétisme du langage, découvertes basées sur une pratique de tous les jours pendant de nombreuses années. Nous les communiquerons dans l'intérêt des magnétiseurs commençants, et surtout dans celui de leurs malades. En même temps, nous donnerons une table dans laquelle nous avons placé chaque organe souffrant en regard des émotions convulsives correspondantes, émotions qui se manifestent toujours, qui se trahissent dans la parole.

Lorsque le langage est
réfléchi,	la souffrance est dans	la tête.
sentimental,	—	au cœur.
contrariant,	—	le foie.
irritant,	—	la rate.
spirituel,	—	les reins.
riant,	—	les glandes.
peureux,	—	les entrailles.
courageux,	—	l'estomac.
verbeux,	—	le sang.
laconique,	—	les hémorrhoïdes.

Nous avons divisé en ces dix classifications principales les différentes interprétations que peut offrir le langage humain ; mais il existe encore des gradations sensibles, des nuances qui se révèlent dans la parole. Ces nuances du langage ont leur cause dans la réunion des souffrances produites par divers organes douloureusement affectés, mais toujours avec une prédominance de spasmes (souffrances) de l'un ou de l'autre des organes indiqués au tableau précédent.

Il est difficile d'établir des règles pour le magnétopathe. Il doit être *actif lui-même,* et lorsque par son vouloir magique et par son penser magnétique, il s'oppose au malade et à la maladie, *alors le moment lui indiquera ce que le moment demandera.* Mais surtout et avant tout, que le magnétiseur et le malade soient fortement unis dans leur vouloir : le magnétiseur, pour aider, et le malade, pour recevoir son assistance. Alors tout phénomène électrique, pathologique, etc., sera forcé de céder à cette union magnétique, et le résultat en sera certainement heureux.

Nous devons encore faire remarquer que le magnétiseur doit principalement se joindre à la manière de penser et de parler de son patient ; car alors seulement il pourra réussir à détourner la maladie, à délivrer l'organe affecté, en changeant le siége du mal, et à amener ainsi son malade à une crise salutaire.

Le § V^e divise les *passes* magnétiques en passes *physiques* et *spirituelles.* Dans *cette division,* il ne s'agit point de l'action de l'âme, mais bien de la manière dont doit être étudié le développement des nerfs dans leur jeu. Les passes *spirituelles* ne se dirigent que vers les nerfs *principaux*, les autres étant négligés. Le mieux s'opère graduellement, le magnétiseur laissant à la vertu curative de la nature le soin de préparer des crises et des excrétions, sans les provoquer lui-même. Pour les passes *physiques*, dites aussi *spécifiques*, c'est alors le magnétiseur lui-même qui vient visiblement en aide à la nature et prépare les crises. Il doit alors tenir compte de la ramification des nerfs spécifiques propres à chaque fonction. Par son vouloir, il produit le fluide magnétique, conduit et opère ainsi lui-même la guérison, en mettant les organes en activité, et en accélérant les excrétions critiques.

Le § VI° traite de l'analogie qui existe entre les méthodes allopathiques et homœopathiques et le magnétisme. La *base* de ces méthodes et de leurs traitements *est et sera* toujours *l'expérience*. Les partisans de ces méthodes ne s'inquiètent pas des remèdes et de leurs effets, ils se contentent de les donner, *parce que dans des cas semblables, ces remèdes ont fait leurs preuves*. A ce point de vue, l'allopathie ressemble à l'homœopathie ; la conclusion est la même. Un autre fait encore, c'est que ces deux rivales, dans la plupart des cas, prennent l'existence d'une maladie pour une autre, sans pour cela s'accorder entre elles ; d'où il suit forcément pour l'allopathe comme pour l'homœopathe un diagnostic différent. Quant à la magnétothérapie et à l'allopathie, il y a cette ressemblance que toutes deux cherchent, quoique par des voies différentes il est vrai, à opérer des excrétions : la magnétothérapie, par une augmentation de l'activité nerveuse, l'allopathie par un mélange chimique de caustiques et de résolvante. Un rapprochement plus grand encore existe entre la magnétothérapie et l'homœopathie, puisque toutes deux agissent sur les nerfs. Nous ne voulons contester ni aux uns ni aux autres *la volonté de guérir*, nous ne parlerons pas non plus de *leurs succès;* mais quoiqu'il y ait un proverbe qui dise : *Que tout chemin mène à Rome*, on ne trouvera pas mauvais toutefois que nous conseillions au voyageur de prendre le chemin de fer de préférence à la patache.

L'*esprit* du siècle actuel est l'esprit de l'homme. Cet esprit, qui concourt si puissamment au développement des âges, conserve aussi la santé à l'homme. Or ce qui arrête et trouble ce développement, c'est la maladie qui s'annonce par des souffrances dans différents organes, souffrances que les allopathes appellent *symptômes*, et que nous nommons, nous, *gênes* ou *spasmes*.

Pour rétablir dans son état normal le jeu normal de l'organisme, il faut agir sur l'esprit du malade, afin que la fausse activité déterminée par la maladie soit annihilée, ou équilibrée, ou paralysée par une activité spirituelle opposée.

Dans le § VIIe, l'auteur pose cette question : Quelle est la méthode curative qui doit nous paraître la plus naturelle et partant la plus efficace?—C'est sans contredit celle qui vient le plus efficacement en aide à la nature pour opérer la guérison. Mais comme toutes les fonctions et les états normaux et anormaux des organes de l'homme, ceux-ci pris séparément, ne sont que des activités nerveuses normales et anormales (naturelles et non naturelles), la méthode par laquelle on agit immédiatement sur les nerfs eux-mêmes, et qui règle et classe leur activité, est donc certainement celle qui est la plus efficace et la plus naturelle. C'est *cette* méthode curative et *ce* traitement par une influence immédiate et salutaire sur les nerfs que la magnétothérapie exerce et enseigne. Ainsi que nous l'avons prouvé, les activités anormales des nerfs ayant leur cause première dans la discordance de l'esprit et de l'activité mentale, l'esprit doit donc nécessairement *avant tout* recouvrer le rétablissement de son équilibre.—Or, *cette méthode curative, ce traitement* par une *influence salutaire sur l'âme et sur son activité*, sont également enseignés et pratiqués dans la magnétothérapie.

La nature des maladies gît dans les nerfs.

La méthode la plus naturelle doit donc chercher à agir sur les nerfs.

Le corps ne peut agir sur l'esprit. Les remèdes que la médecine manipule dans ses laboratoires ne saurait avoir plus d'action. *C'est l'esprit seul qui peut agir sur l'esprit.* Il faut *donc* que l'esprit de l'*homme sain* vienne en aide par sa force magnétique à l'âme troublée et malade, et qu'il la guérisse.

Les esprits ne peuvent se *rencontrer* que par la parole; ils n'ont point d'autres points de contact. Le langage du malade démontre sa maladie; il trahit les souffrances de l'organe intéressé et lésé. Le *langage* de l'homme sain, du vrai magnétopathe, *doit devenir son remède,* non pas un *remedium medicum,* mais *un remède pour la guérison.* Et le magnétopathe y arrive en s'incorporant à son malade, en s'insinuant dans ses idées ; il faut qu'il observe et accepte avec bonté *ses expressions* et *le ton* de son langage, qu'il s'assimile à sa pensée; enfin pour captiver la bienveillance et la confiance de ce malade inconnu peut-être, qu'il feigne d'éprouver lui-même dans ses organes une souffrance semblable à celle de *cet ami!...* Cela fait, le magnétopathe doit surveiller attentivement la marche progressive des crises de la maladie, et après de mûres réflexions et se servant de son expérience, il doit modifier cet état de *langage pathologique,* qu'il a feint jusqu'alors à dessein, puis l'élever peu à peu, afin d'augmenter ainsi et graduellement l'esprit et le mode de s'exprimer de son malade, et enfin l'entraîner avec lui. Cet état de choses mené à ce point, et continué habilement, délivre peu à peu l'organe souffrant ; la saine activité se ranime de plus en plus. Ainsi voyons-nous journellement les effets de la douceur et de l'expérience d'un médecin bienveillant et sympathique amené par hasard au lit d'un malade. A *son approche*, ce malade désespéré éprouve un effet assez salutaire quelquefois pour l'arracher à la mort... Et le médecin ordinaire se frotte les mains et compte une cure de plus ! L'autre s'en attribue la gloire... O hasard, tu mériterais bien d'être reçu docteur !...

Le § VIII° contient quelques concessions que l'auteur fait aux allopathes et aux homœopathes, concessions dont ils seront satisfaits, s'ils sont modestes. Voici ses paroles : 1° Lorsque le magnétiseur ne remarque pas un effet assez sensible de son influence magnétique sur le malade, il devra le remettre aux mains du médecin qu'il jugera le plus *convenable* pour son sujet ;— 2° La vie du malade devant être plus chère au magnétiseur que *tout orgueil scientifique,* lorsque le cas n'est pas urgent, son devoir est d'employer les moyens les plus faciles dans la pratique.

Ces avis nous prouvent que le reproche d'*universalisme* que l'on fait si souvent à la théorie magnétique ne peut être adressé à l'auteur. Nous le répèterons ici, nous-mêmes, les allopathes comme les homœopathes *peuvent guérir aussi*, bien que *in petto* nous ayons une autre *raison* qu'ils ignorent pour expliquer leurs effets curatifs, leurs guérisons. Bien entendu que cette raison, cette cause, ne se trouvent ni dans l'*Organon*, ni dans l'*Enchiridion*. Nous affirmons donc que *tous les médecins, quand ils traitent avec succès, ne guérissent que par* LE MAGNÉTISME.—Le médecin *sympathique*, par sa bienveillance et sans le savoir, exerce sur le malade la magie magnétique : la conversation appropriée à l'état du malade, l'attente, l'espérance, le désir de ce dernier, la réunion de sa volonté à celle du médecin, tout cela produit les effets les plus salutaires. Or si ces succès étaient *universels* et *continuels*, nous laisserions à la médecine sa science et son orgueil, et nous reconnaîtrions sincèrement l'allopathie et l'homœopathie comme d'excellents systèmes, et nous les accepterions comme tels. Malheureusement le proverbe de l'hirondelle est à cette occasion une vérité profonde et sentie[1].

Le § IX⁰ expose l'opinion de l'auteur sur les observations des maladies elles-mêmes dans l'organisme individuel. Le résumé de cette longue explication peut se réduire à ceci : *Les maladies ne sont que des produits étrangers qui n'appartiennent pas à l'organisme humain*. Les hommes, tels qu'ils sont sortis de la main créatrice de la nature, étaient *sains*, c'est-à-dire que *leurs facultés corporelles et intellectuelles étaient confor-*

---

[1] Una hirundo non facit ver.

mément et harmoniquement unies. L'homme, par son corps, appartient au règne animal, et ainsi que les animaux, il a dû jouir primitivement d'une santé parfaite. Les états anormaux que l'on observe chez l'homme, et il y en a à peu près chez tous, tels que l'hypochondrie et l'hystérie, n'ont rien de commun avec l'organisme constitutif. Ce sont donc des *corps étrangers* ou des *dégénérations spirituelles étrangères* qui en sont la cause. Ici s'impose naturellement à tout physiologiste psychologue la question de savoir d'où viennent les uns et les autres. Nous allons donc essayer de donner en peu de mots l'histoire de la nosologie qui a presque marché de pair avec l'histoire de l'homme lui-même.— Tant que l'homme n'abusa pas des bienfaits du Créateur, dons matériels et dons spirituels (ces derniers étant les facultés et les vertus), tant que son *vouloir mental* resta pur, étranger aux influences des désirs matériels, les maladies furent inconnues, l'homme jouissait d'un *bien-être* parfait, en ce sens que *bien-être* exprime le plus haut degré de perfection. A mesure qu'il s'éloigne du bien, cet état s'affaiblit. L'homme s'écarte de plus en plus du *principe*, et de plus en plus le mal gagne et cause non-seulement sa démoralisation, mais encore sa destruction et la *dégénérescence* des nations futures. Toute activité séparée qui *tend au mal* cause une souffrance dans un des organes *correspondant* à cette activité. A l'appui de cette assertion, disons mieux, de cette vérité, nous avons la mythologie qui parle d'un état primitif heureux de l'homme, où le *mal* et les maladies étaient inconnus (la boite de Pandore). La Genèse rapporte que celle qui commit le premier péché en fut punie par les douleurs de l'enfantement. Chez les peuples germaniques, *mauvais penchant* se rend par le mot : *Passion*, qui vient du grec : Πάθος, *souffrance*.—Tout penchant mauvais produit une *véritable souffrance* dans les organes respectifs. Or, un effet n'existant point sans cause, tout organe maladif, de même que la nature de la douleur, nous révèle une passion correspondante, comme nous le voyons dans le *Psychomètre*.

Au § X\ :sup:`e`, l'auteur prétend que *tout* ce qui dérive d'une activité défectueuse est un *principe morbide;* que même la *pensée* quand elle est *fausse*, et l'*expression* quand elle est *incorrecte*, produisent des maladies ou en procèdent. Ceci peut paraître paradoxal à beaucoup de lecteurs; pourtant l'auteur n'en explique pas moins victorieusement ainsi ces différents *effets* et *combinaisons*.—La *pensée incorrecte*, la parole non magnétique, dit-il, déchargent de l'électricité[1] sur celui qui parle et sur celui qui écoute. Les conséquences de ce *surcroît d'électricité* sont bien connues : l'activité des organes devient perverse, et voilà pourquoi les humeurs se vi-

---

[1] Mieux aurait valu dire : les corpuscules de Paccini.

cient dans les artères, les veines et les vaisseaux lymphatiques par une circulation irrégulière. Ce cours défectueux des humeurs se manifeste par des *décharges électriques* dans les os, les glandes et sur l'épiderme. Dans les os, il s'annonce par la goutte; dans les glandes, par des scrofules; sur la peau, par des éruptions. Dès que ces symptômes se manifestent, l'allopathe comme le magnétiseur s'efforcent, il est vrai, de les éloigner, de les faire évacuer sous une forme liquide. Mais comme l'allopathe n'emploie pas les moyens convenables (la guérison par égalisation magnétique), il ne peut atteindre qu'imparfaitement son but. *Le mal est arrêté, mais il n'est pas détruit;* et à la moindre excitation nouvelle venant du dehors, la maladie reparaît.

Les §§§ XI\ :sup:`e`, XII\ :sup:`e`, XIII\ :sup:`e` traitent du cœur et des effets qu'il ressent par la fausse direction du courant magnétique. Nous en avons indiqué le remède dans certains paragraphes précédents de cette auto-critique : c'est l'esprit propre dans l'état sain, et l'esprit d'autrui dans l'état pathologique (moyennant le magnétisme du langage).—Les conséquences de la fausse direction du courant magnétique sont, pour le cœur, des spasmes intérieurs. Or, ce que sont les spasmes, les allopathes n'ont jamais essayé de le comprendre; et pour les magnétiseurs, ils ne le savent que depuis peu.—Je le répèterai donc : les spasmes sont des *excitations du corps* produites par des *incitations de l'esprit* (propre ou étranger) pour obtenir l'expulsion, l'excrétion loin du corps, des principes étrangers qui lui nuisent, c'est-à-dire pour opérer la guérison de la maladie.

Les spasmes sont des phénomènes électriques intérieurs dont le magnétisme démontre la présence dans notre corps. Donc à celui qui est malade, à celui-là, dis-je, la nature offre par eux les moyens d'égalisation. Les allopathes et les homœopathes rejettent ce moyen que la nature nous a donné ; ils veulent chasser le *spasme* (*ce qui doit guérir*). Malheureusement ils y réussissent quelquefois, mais toujours au détriment de la santé de l'organisme humain. Et nous aussi nous voudrions qu'il n'y eut pas de spasmes, puisqu'alors la santé serait parfaite, mais quand nous les rencontrons, nous les soutenons jusqu'à ce qu'ils aient produit une excrétion, *but que la nature leur a assigné*. Alors la maladie disparaît après le spasme, et nous obtenons ainsi la guérison complète de l'organe. Dans l'allopathie, au contraire, la destruction même du spasme, quand elle réussit, n'est, comme nous l'avons déjà dit, qu'une guérison apparente, mais qui doit *nécessairement* produire des maladies de langueur, c'est-à-dire *une mort lente!* Malheureusement, la vengeance de la nature n'atteint que le malade innocent, et non le médecin qui l'a outragée en fermant la voie de guérison que lui offrait la nature prévoyante, c'est-à-dire en détruisant les spasmes avant d'avoir produit des crises[1] et en laissant ainsi l'organisme entier en proie à une maladie de langueur. Cette destruction de la santé par des *spasmes rentrés* se voit chez bien des gens, et c'est ainsi que beaucoup, par un faux traitement des spasmes, ont fini par nous représenter *l'image d'un mort ambulant.* Que de personnes, en lisant ceci, ouvriront les yeux et comprendront enfin pourquoi ce parent, cet ami leur fut enlevé à la fleur de l'âge, après avoir *si longtemps traîné...* par l'ignorance de la science diplômée !

Le § XIVe accorde à l'homœopathie la possibilité de faire quelques progrès et lui indique même le chemin à suivre. Mais bien que nous attendions de plus beaux résultats de la part de cette méthode curative que de celle de l'allopathie, quoique nous la reconnaissions comme la plus juste et la plus naturelle des deux, nous laisserons aux disciples de Hanemann le soin de faire la critique des assertions de l'auteur. Quant à nous, cette critique n'a qu'un intérêt purement historique, car l'apparition de l'homœopathie a démontré seulement que l'allopathie n'était plus à la hauteur de l'époque où nous vivons; elle était destinée à former

---

[1] L'envie de vomir et les diarrhées dans les indigestions, la fièvre qui accompagne les affections rhumatismales, tout cela doit être favorisé par le médecin pour produire une crise, afin de ne pas exposer l'organisme à une fièvre typhoïde ou putride par les substances restées dans le corps; pourquoi donc alors le médecin ne favoriserait-il pas les spasmes par le magnétisme ? *Eo quò vergit, natura est ducenda.* (Hipp.)

le *trait d'union* entre les *idées anciennes abrogées* et les *nouvelles idées magnétiques*.

Le § XVe résout les questions suivantes : Comment agit le magnétisme?—Sur quoi reposent la *principale action* et la *vertu première* des influences magnétiques? —Quel est le magnétiseur dont l'action est la plus bienfaisante ?—A quoi sert la pensée en magnétisant?

Quelques-unes de ces questions ont déjà reçu leur solution dans les paragraphes où j'ai parlé de la nature de l'activité magnétique et de son action principale. Une question nouvelle est celle-ci : Tout homme agit-il magnétiquement, c'est-à-dire *magnétiquement juste?* L'auteur répond : Dans le *sens étendu* du mot, tout homme agit magnétiquement, c'est-à-dire que deux hommes ne peuvent se rencontrer sans qu'il résulte de leur conversation un changement, quelque inaperçu qu'il soit, dans l'*accord* nerveux. Toute relation par le langage (moyen de notre communication mentale) est magnétique, car il doit s'ensuivre, sans que nous nous en apercevions, un changement dans l'*accord* des nerfs. Mais on ne doit pas laisser au hasard le soin de décider de ce changement, qui doit amener la guérison et la crise destinée à éloigner la maladie. C'est le devoir du magnétiseur de connaître les manifestations pathologiques du langage et leur source, c'est-à-dire l'*organe correspondant*. Il faut donc qu'il connaisse et qu'il trouve *l'expression juste*, convenable, pour *modifier* le *caractère accidentel* du malade. Ce *changement* opère la crise désirée.

Agir ainsi, c'est-à-dire magnético-magiquement par le langage et l'esprit, n'est pas donné à tout le monde, pas même à tous les magnétiseurs. Nous leur conseillons donc, si tant est qu'ils ne puissent arriver à se *convaincre* de leur action et influence magnétique dans cette méthode (conviction qui doit être *réelle* et *non prétentieuse*), nous leur conseillons, disons-nous, de s'en tenir, dans ce cas, pour produire des crises, à la *méthode secondaire* du traitement magnético-animal, c'est-à-dire *les passes*. Qu'ils se consolent de cet échec, car ils obtiendront encore de meilleurs résultats que l'homœopathie (qui malgré tout est encore matérielle), et surtout que la funeste allopathie.

Salomon a dit que : « *La vie et la mort sont au pouvoir de la langue.* » Ainsi que lui nous parlerons sérieusement, et nous préviendrons les magnétopathes qu'ils ne doivent pas tenter l'emploi du magnétisme du langage sans rassembler tous leurs moyens spirituels. Car la parole qui ne sort pas correctement, qui n'arrive pas, par la perfection de l'activité et par le repos magnétique, à opérer la réaction nécessaire au caractère du malade, cette parole alors n'achève pas la maladie, c'est-à-dire ne complète pas l'excrétion critique; ce langage, ajouterons-nous, est nuisible dans tous les cas, puisqu'*aucun* mot n'est *indifférent*, mais bien *nui-*

siblé ou *utile;* ainsi donc, le magnétiseur irrite le caractère et produit une souffrance dans l'organe correspondant. Quand la parole n'est pas salutaire, elle produit une douleur dans un organe et une passion dans le caractère. Cette douleur augmente, puis dégénère en maladie matérielle (fièvre), ou amène une altération spirituelle.—Voilà pourquoi je vous dis et je vous répète : *Favete et cavete linguis !*...

Le § XVIᵉ explique, par la sympathie, la communication de la disposition d'esprit entre différents individus. Nul allopathe ne niera cette influence. Le bâillement, le rire, le pleurer, saisissent tous ceux qui sont présents lorsque quelqu'un pleure, rit ou bâille ; et puisqu'on accorde cela, pourquoi les autres sensations et impressions, telles que la colère, le chagrin, les soucis, la joie, les souffrances, la passion, ne se communiqueraient-elles pas par l'expression de ces sentiments, *par la parole ?* Quand les nerfs d'un homme sont irrités par une émotion, l'impression de cette irritation amène un phénomène analogue dans les nerfs de son semblable : *la faculté de recevoir cette impression sera relative à l'activité magnétique de celui qui la reçoit.*

Au § XVIIᵉ, l'auteur à cette question : *Comment conduit-on spirituellement le magnétisme ?* répond : La conduite spirituelle du magnétisme se fait en élevant son propre esprit et en s'attachant à l'esprit du malade avec *le désir de sa guérison.*

Il faut qu'on élève son esprit afin de pouvoir opérer la guérison du malade. C'est dans cette élévation de l'esprit propre, dans cette concentration de la force et de la volonté que réside la magie de l'idée, le *magnétisme psychique*. Celui qui aura fait une seule fois cette expérience d'un moment, dans sa vie entière, me comprendra; pour les autres, ce que je dis ne sera d'aucune utilité : ils pourront même me traiter de mystique; ils ne me fâcheront pas pour cela.

Tous les hommes sont ou hypochondriaques ou hystériques, c'est-à-dire, dans un désordre spirituel; voilà ce qu'avance l'auteur dans le § XVIIIe. La preuve en est, dit-il, dans leur manière d'agir, dans leurs extravagances, leur éloignement de l'idéal, leurs souffrances, leurs passions, leurs désirs, leurs répulsions, leurs affections et leurs haines.

L'auteur appelle l'état hypochondriaque ou hystérique un *désordre mental*. — L'état calme de l'esprit ne connaît point ces manifestations bizarres et anormales. Cela a-t-il toujours été ainsi? ou ces phénomènes ne sont-ils que des conséquences de notre état d'opposition avec la volonté de la nature? — Quels sont les médecins, à quelque système qu'ils appartiennent, qui répondront à ces questions?... — Qu'importe la tête au dentiste? il ne s'occupe que des dents des autres et des siennes... Le médecin des cheveux n'est qu'un artiste capillaire... L'oculiste n'a point encore une seule fois dans le monde opéré la cataracte morale... — Il y a des médecins *internes et externes*, et cette classification n'a été créée que pour que l'un ne *comprenne rien au métier* de l'autre; ce qui ne veut pas dire que *chacun* comprend *celui* qui lui est propre. Pour nous, nous croyons que de tous ces oculistes et dentistes par excellence, de tous ces médecins *internes* et *externes*, il serait difficile de faire un médecin *universel*, capable de guérir chez l'homme toute espèce de manifestations pathologiques de l'organisme. Le médecin magnétopathe seul *peut, doit guérir* et *guérit* même le *caractère hypochondriatique de l'époque,* toutes les fois que par les manifestations pathologiques il reconnaît la souffrance de l'organisme entier, et qu'il cherche à agir et qu'il agit sur l'activité physique et psychique du malade.

Dans les §§ XIXe et XXe l'auteur résout les questions suivantes: Le magnétisme est-il le même dans tous les hommes? — En quoi l'activité spirituelle du magnétisme dépend-elle de la constitution?

Les réponses à ces deux questions se touchent quant à la partie animale, matérielle de l'homme, en tant que son éducation corporelle mal dirigée rend l'homme impropre au développement de ses facultés; il en résulte des théories orthopédiques ainsi qu'une diététique qu'on ne peut considérer que comme générales et qui ne peuvent aucunement convenir à chaque individu.

— Considérée sous le rapport spirituel, la réponse à cette question : *le magnétisme est-il le même chez tous les hommes,* est remise à un autre paragraphe. — Ici, suivent quelques idées principales sur les différents degrés de l'état et de l'action magnétiques, à savoir : Dieu étant le *principe* du magnétisme psychique et de cette *force* purement spirituelle qui réside dans les éléments constitutifs de l'homme, alors l'idée de *Dieu,* et la représentation que l'on se fait de son existence, la contemplation de ses perfections, de ses enseignements qui ont été révélés, en un mot : *la religion est le point le plus sublime de la perfection magnétique.* — Dieu, le plus élevé de tous les êtres, l'idéal de toute perfection, est compris par l'intelligence humaine, comme étant la *somme* de ces attributs qui dans l'homme ne sont que des *qualités incomplètes,* mais qui, en Dieu, sont au degré le *plus haut* et le *plus parfait.*

L'homme possède la vie, la force, la bonté, l'amour, la miséricorde, etc., etc. En Dieu, tel que les hommes le comprennent, la vie est éternelle; la force, toute puissante; la bonté, suprême; l'amour, infini; la miséricorde devient sublime charité. Aussi, plus l'idée de la perfection et de la grandeur de l'être suprême est parfaite, plus l'homme est parfait et élevé.

Il doit être indifférent à Dieu que l'homme se le représente comme vengeur ou comme rémunérateur;

mais il n'en est pas de même pour l'homme : chez celui-ci, il y a la haine, chez Dieu il n'y a que l'amour. — La différence de religion est très-essentielle pour les différents croyants, même chez ceux qui mènent une vie toute mondaine. L'épicurisme des Grecs et des Romains, qui croyaient trouver le but et la perfection dans la volupté, attribue aux êtres supérieurs des jouissances matérielles de toutes sortes. Ainsi, prêtres et poëtes les montrent se rassasiant d'ambroisie et buvant le nectar; et Vulcain lui-même, le plus laid de tous les dieux, avait sa Vénus... Ces Épicuriens étaient descendus à un degré bien bas d'inclinations matérielles et viles. Maintenant dans le Christianisme, la religion apostolique et romaine *seule* donne de l'idée de Dieu l'image la plus magnifique, la plus parfaite: l'*amour*, la *miséricorde* et le *pardon!* Et pour que l'homme conçoive cette perfection et ne la perde point de vue, *la plus haute expression du pardon est exercée par les hommes* au nom de Dieu.

L'image de l'amour infini de Dieu dépose dans l'esprit de l'homme une tendance à ressembler à Dieu par l'amour. Plus cette tendance est élevée, plus l'homme devient noble, c'est-à-dire *sain*, dans le sens magnétique.

La religion et la foi promettent une vie future, mais en même temps elles donnent la vie et la santé pour le présent. En vain cherchera-t-on à tourner en ridicule les pèlerinages et leurs effets, en vain le soi-disant esprit-fort déversera-t-il l'ironie et le sarcasme sur l'exhibition, à Trèves, de la robe divine du Christ, il n'empêchera pas des résultats *visibles* de se produire ; et ceux qui s'y rendront avec foi et amour en reviendront avec leurs désirs accomplis. Toujours la parole du Christ : « *C'est la foi qui t'a sauvé,* » se confirme. C'est la foi pure qui nous fait nous rattacher aux traditions que les pères de l'Église nous ont transmises, qu'ils avaient reçues des apôtres et de leur chef, Saint Pierre, dont les successeurs, à l'heure qu'il est, règnent encore sur la ville Éternelle ! Nous ne voulons point qu'on interprète mal notre pensée et que l'on nous accuse d'obscurantisme ; mais il *est certain* que la foi *favorise* le calme magnétique. *Or, c'est ce calme qui fait le magnétopathe.*

Le protestantisme porte un grand trouble à ce calme. Les partisans de cette secte *protestent* contre le chef de l'Église. Saint Pierre, disent-ils, était un pauvre pêcheur, donc ceux qui se prétendent ses successeurs doivent être également pauvres. Mais comme, de nos jours, le pape ne travaille pas et ne s'occupe plus à prendre des poissons pour subvenir à son existence, eux, ils continuent à le poursuivre de leurs puériles attaques et de leurs pauvres arguments, cent fois écrasés et toujours renouvelés : Ceux qui ont *vécu saintement* ne devraient pas être saints après leur mort, etc. La transubstantiation, la messe, les processions, tout cela leur fait horreur. Ils considèrent le catholicisme comme un culte d'idoles, et dans les pays catholiques ils sont constamment obligés d'avoir cette immense contrariété sous les yeux. Leur nom ne vient pas du Christ des chrétiens, mais de leurs réformateurs : Wikleff, Huss, Luther, Zwingle, Calvin, etc., etc. Ces schismes éternels, ces sectes diverses, ces *protestations contrarient* le repos magnétique. Puis, à cet état incessant de luttes vient encore se joindre l'*orgueil de l'amour-propre* qui s'appuie superbement sur la raison *seule*, d'où les protestants prétendent qu'ils ont une croyance plus épurée, plus noble, que la masse des croyants catholiques.

Le catholique qui est sous le traitement magnétique d'un protestant, et surtout dans le cas de *spiritualisme élevé*, souffre de cette discorde religieuse. Cette perturbation continuelle du calme mental, cette suffisance avec laquelle ils se croient au-dessus des préjugés que subissent les catholiques, enlèvent toute possibilité d'*union mentale* entre un magnétiseur protestant et un magnétisé catholique. Malgré la différence du dogme, le catholique peut apprécier le protestant S'il est orthodoxe scrupuleux, il aura pitié de l'égaré qui rejette des enseignements qui sont sacrés pour lui, mais au moins il *estimera* ce frère, quoiqu'il diffère d'opinion avec lui. Il n'en est pas de même pour le protestant. *C'est lui qui est sorti de l'Église commune ;* et aujourd'hui encore il est obligé de chercher des motifs de lutte : il faut, bon gré mal gré, qu'il s'attache à tout pour rester séparé. Or, l'abandon et la scission sont diamétralement opposés à l'amour. Aujourd'hui et toujours il faut donc que le protestant *proteste*, s'il ne veut pas retourner au giron de l'Église universelle ; il ne peut pas non plus estimer le catholique, puisqu'il le regarde comme une victime volontaire de l'erreur et de la superstition, et qu'il se croit supérieur à lui en intelligence.

Bien que ce livre ne soit pas destiné à défendre le catholicisme, ni à déclamer contre le protestantisme et le judaïsme, la croyance religieuse ayant la plus grande influence sur l'homme, il fallait signaler les effets de cette influence.

Assurément, on pourra objecter ici qu'en Orient, et surtout en Égypte, la magie et le magnétisme ont été pratiqués par des hommes qui n'étaient pas chrétiens, et que les livres magiques des Juifs (les livres de cabalistique) sont antè ou anti-chrétiens. D'accord, mais au moins ceux-là *maintenaient intactes* les traditions de leurs pères, et ne frayaient qu'avec des co-réligionnaires ; ils *devaient* donc se croire dans le vrai.

La société, autrefois, n'était pas composée d'éléments hétérogènes ; elle ne connaissait pas les enseignements étrangers, parce qu'elle en avait exclu les adeptes.

Voilà pourquoi ces enseignements n'ont pu causer aucun trouble; l'âme restait pure et sereine, la volonté *demeurait* libre. De là, toute cette puissance et action magnétiques qui nous étonnent, que nous admirons, et que le monde savant rejette parmi les fables, *parce qu'il ne les comprend pas.*

L'action *par* la parole a cessé dans le monde, mais elle a continué de rester *dans la foi*, par laquelle l'homme s'élève spirituellement. Cette *élévation spirituelle* a une puissante influence sur la partie corporelle de l'organisme, et c'est *elle* qui *constitue le magnétisme proprement dit.*

Les §§ XXIe, XXIIe, XXIIIe et XXIVe, offrent aux médecins magnétopathes un guide qu'ils doivent suivre, lorsqu'ils agissent sur le magnétisme animal, c'est-à-dire quand ils font des passes nécessitées par les différents cas pathologiques. A cette question : *Quelles sont les règles principales et indispensables pour agir dans l'action magnétique ?* le § XXIVe répond par un exposé complet. Ces règles ne sont pas seulement applicables à la *guérison par le magnétisme animal* au moyen des passes, mais encore elles sont *indispensables* à l'influence de l'âme, c'est-à-dire *au magnétisme du langage.*

Tout ce qui produit de l'électricité et peut agir d'une manière perturbatrice sur l'élévation magnétique du malade doit être éloigné, si l'on veut que le magné-

II.—MAGNÉTISME DU LANGAGE.

tisme du langage et les efforts que fait le magnétiseur pour se lier et s'unir à son malade ne soient point paralysés, et pour qu'il ne rencontre pas une opposition électrique.

Le § XXV⁰ pose les questions suivantes : — 1° Dans la méthode à suivre pour le traitement, que doit considérer principalement le magnétiseur? — 2° En quoi le traitement psychique diffère-t-il du traitement magnético-animal? — 3° Comment produit-on des effets psychiques? — 4° Qu'est-ce que la vertu curative? — 5° Quand cette *vis motrix* de toutes les activités commence-t-elle à se développer dans le corps?

A ces questions, l'auteur répond ainsi : — Le magnétiseur ne doit pas s'arrêter d'abord au mode de traitement à employer et voir s'il est possible de guérir par le magnétisme psychique, ou bien si la méthode magnético-animale est plus convenable, c'est-à-dire plus efficace. Le magnétisme psychique du langage peut être employé avec un succès assuré dans tous les cas où le traitement par des passes offre un espoir de guérison. Cependant tout médecin, ainsi que je l'ai déjà dit, possédant à fond l'application du magnétisme animal par des passes, n'est pas pour cela toujours apte à s'élever jusqu'à l'*action psychique*, jusqu'à *la parole magnétique*, enfin jusqu'au magnétisme du langage. Mais celui qui a *acquis la connaissance* de sa force magnétique, qui se *sait* capable de guérir par la pensée, devenue parole, celui-ci, dans tous les cas qui peuvent se présenter, dans toutes les manifestations morbides, dans tous les phénomènes pathologiques, et là même où le procédé magnético-mécanique (les passes) a été appliqué, celui-ci emploiera le magnétisme du langage avec un succès certain.

Quant à la différence qui existe entre le traitement psychique et le traitement nervoso-magnétique, elle se trouve établie dans la réponse à la première question. Les paragraphes précédents expliquent également comment on agit par son propre esprit, c'est-à-dire *psychiquement* sur celui des autres. La *vis motrix* est la cause primitive de notre activité, c'est la vie qui est en nous, et qui est étroitement unie par le magnétisme avec la nature inerte, qu'elle met en mouvement d'une manière si mystérieuse; elle se saisit de nous dès que nous en acquérons la connaissance. Sa source et sa naissance nous sont aussi peu connues et aussi peu compréhensibles que son départ et son dépérissement final.

Les §§ XXVI⁰ à XXXII⁰ répondent à cette question : Comment le magnétisme est-il devenu un principe curatif dans le sens de son action matérielle, c'est-à-dire de l'action zoo-magnétique?—Déjà dans cette auto-critique nous avons une autre réponse à la même question ; ajoutons encore quelques mots : Nous savons par la vie habituelle que ce qu'un individu pense, sent et éprouve, il le communique à un autre par *la parole*, par *l'ensemble des paroles*, c'est-à-dire par le langage ; de plus, ce que les hommes qui ne sont plus ont pensé, senti et éprouvé, nous l'éprouvons, pensons et sentons encore par la parole, *ce tribun de l'esprit*. Les sensations et les impressions sont de diverses espèces : celles de la joie et du bien-être dans l'état de santé, celles du chagrin et de l'affliction, de l'âme émue et des passions maîtrisantes, telles que la haine, la colère, la vengeance, l'envie, la jalousie, la malveillance, etc., dans l'état pathologique.

Or, puisque l'homme *sent* par l'*expression* de sa propre individualité et par la *transmission* de ses impressions au moyen du langage, il peut donc exciter chez un autre des impressions identiquement semblables aux siennes. Si le langage a assez de puissance pour devenir créateur d'idées et de sensations nouvelles, pourquoi alors ne l'emploierait-on pas pour rendre l'équilibre à l'âme troublée et remplie d'émotions, pour opposer le calme aux tumultueuses passions, et guérir ainsi simultanément avec l'âme les organes souffrants y correspondants ?

Le langage et l'intelligence n'ont été donnés à l'homme que pour le distinguer des autres créatures ; et c'est cette raison elle-même, *représentée par l'arbre des notions*, qui a conduit l'homme par des voies détournées à une vie raffinée, et par là aux maladies et aux souffrances que le reste du règne animal ne connaît point. C'est donc au langage d'égaliser et d'agir par *la réconciliation* sur le vice comme mal moral, sur la maladie comme souffrance corporelle ; car tous deux, esprit et corps, sont étroitement liés, souffrent ensemble, et doivent donc se rétablir ensemble, c'est-à-dire recouvrer la santé ensemble.

Par conséquent, le langage nous est donc indiqué comme un remède contre *toutes* les douleurs. Et quiconque avoue que, par la parole, nous pouvons soulager l'homme affligé, doit *nous accorder aussi* que cette parole a la même puissance pour chasser les maladies.

Il était nécessaire d'expliquer dans les paragraphes précédents de cette auto-critique l'action du magnétisme psychique ou magnétisme du langage, afin de pouvoir passer à la réponse aux questions contenues dans les §§ XXXII⁰ et XXXIII⁰, savoir : Quel est dès lors le magnétiseur?—Quel est le magnétiseur qui agit le mieux? — S'établit-il un rapport dans le magnétisme entre tous les hommes?

Le principe que nous avons posé : *La souffrance d'un organe s'annonce par le langage*, ou bien, *l'expression est le symptôme de la maladie, et le mal qui se trahit par le langage peut être chassé par le langage d'un être bien portant* (le magnétiseur), ce principe, disons-nous, résout cette question : *Quel est le meilleur magnétiseur?* — *Le meilleur magnétiseur est donc celui dont l'âme est pure et calme*, qui n'est soumis à aucune passion, partant, libre de tout entraînement des passions, et dont le corps est pur de toute maladie. Il faut que son penser soit une conception, une vision, et qu'il soit toujours dans un état tel qu'il puisse facilement se lier au cours des idées de chaque malade. Lui-même (l'esprit sain) doit être calme, immuable, tandis qu'il met en mouvement un esprit plus faible (celui du malade); il doit être comme le soleil dans l'espace, qui, puissant et immobile au centre de l'univers, fait mouvoir autour de lui le monde imposant et innombrable des sphères célestes. — Quand l'esprit du malade s'est ému au langage du magnétiseur, alors il faut que celui-ci s'élève peu à peu et graduellement avec son malade, jusqu'à ce que les paroles de celui-ci ne trahissent plus son mal, qui va disparaissant.

Oui, tel est le rapport du malade à l'homme sain, rapport lingual ou de conversation; or, cette conversation amène le but désiré, qui est de prolonger le séjour de l'homme sur la terre, en guérissant les maux qui le menacent.

Autrefois, on entendait par *rapport magnétique* une puissance *presque surnaturelle* que le magnétiseur exerçait sur le malade. C'est une grande erreur. — L'esprit du plus faible ou l'esprit plus faible se soumettra toujours à un esprit plus élevé; et cette influence sera mieux exercée par celui qui a reçu des dons supérieurs.

Voilà pourquoi le magnétiseur doit naturellement agir sur son patient de manière à ce que dans les opinions et les idées de celui-ci *se voient celles* du magnétiseur, qui restent toujours *le type*.

Bien plus, il existe aussi, suivant Kachler [1], un rapport spirituel entre tous les somnambules *passés* et *existants*. Dès que ces derniers *élèvent leur esprit*, ils se joignent à l'esprit des somnambules qui ont existé avant eux et à l'esprit de ceux qui leur sont ou leur étaient supérieurs; et ils avancent ainsi pas à pas par des découvertes progressives, ils poussent en avant l'humanité entière. Aussi, voyons-nous les magnétiseurs se pénétrer de plus en plus de cette vérité, et s'occuper à rechercher les causes qui rendent *quelquefois impossible* l'élévation des facultés de leurs somnambules.

Ils rencontreront aussi dans leurs travaux un autre obstacle que je crois de mon devoir de leur indiquer, bien que je m'expose ici à voir faussement interpréter mes paroles. Mais je me suis proposé d'instruire les magnétiseurs, même malgré eux; je parlerai donc. Celui-là *seulement peut agir* sur son malade avec une puissance plus salutaire et le guérir radicalement, qui, dans son esprit, *se lie*, *plein d'humilité*, au magnétiseur *supérieur* qui est connu. Car, de même que chez les somnambules, il existe également un *rapport*

---

[1] Kachler, célèbre somnambule.

II.—MAGNÉTISME DU LANGAGE.

spirituel entre l'esprit de tous les magnétiseurs et les *opinions* des magnétiseurs supérieurs *agissant* dans la nature, en vertu d'une loi une et immuable, sur la *force* des somnambules et sur leurs magnétiseurs eux-mêmes, quelles que soient les distances [1].

Les magnétiseurs *se convaincront* journellement de la vérité de cette assertion; c'est pourquoi je leur conseille de *peser mûrement* mes paroles. Pour leur propre bien comme pour celui de l'humanité entière, je prie Dieu qu'ils s'unissent à moi (si tant est que je sois supérieur par ma science et mon expérience). Alors la consécration du *plus fort*, à cause de leur noble et sainte humilité, les *élèvera véritablement* et les *fortifiera*. Mais qu'ils prennent bien garde, et qu'ils se souviennent que l'orgueil, la vanité, la présomption et toutes les autres passions ne font qu'*électriser* (nuire), que le malade, du reste, soit traité par quelque système que ce soit. Le médecin *passionné* agit alors anti-magnétiquement, et au lieu de guérir, il produit, conserve, augmente et rend héréditaire le principe de la maladie (spasmes hypochondriaques, hystériques et acrimonies de toutes sortes), *résultats qui sont la suite nécessaire de ses fausses influences dynamiques jour-*

---

[1] D'innombrables faits indiqués à l'avance ont été justifiés par la nature. On peut ici, avec quelques variantes, employer l'expression de Schiller et dire : « Ce que l'esprit promet, la nature le tient. »

OERSTAD. (*L'Esprit dans la Nature.*)

nellement répétées sur ses patients. C'est ainsi que par manque d'humanité, que par le défaut d'un cœur compatissant (chose si fréquente dans la profession médicale), et qu'au moyen du magnétisme de leur langage mal calculé et dépourvu de sympathie spirituelle, ils tuent... au lieu de guérir par le magnétisme du langage [1]!...

---

[1] L'étude approfondie de la nature nous a déjà longuement instruits relativement aux organes de nos sens. Elle continue de marcher dans cette voie ; elle a pénétré la construction et les fonctions du système nerveux, et il lui est arrivé de rechercher également les connexions qui existent entre nos organes et le pouvoir de l'âme.

OERSTAD, 1850.

CONCLUSION.

>>>——◇——<<<

Le magnétisme est une science qui, pour me servir d'une comparaison fort simple, ne peut pas plus s'apprendre seulement par la théorie, qu'on ne peut apprendre les *échecs* ou le *wisth*, sans jouer la partie. Il faut d'abord étudier les règles et les faits principaux, et puis ensuite se mettre à l'œuvre. Il est donc très-nécessaire que, dans les commencements, le novice se laisse guider par un homme d'expérience et de science, qui lui fasse remarquer les accidents qui se passent au lit du malade.

Il suffit pour le magnétiseur novice qu'il sache que l'homme ne vit que par ce *mouvement oscillatoire* dont nous avons parlé, et que dès que celui-ci est troublé, un organe ou tout l'organisme devient malade, et ne peut être guéri soit magnétiquement, soit par tout autre système curatif, que par *l'augmentation* et la *direction nouvelle* imprimée à ce mouvement.

Ce mouvement oscillatoire produit dans les nerfs par les nerfs est magnétique; et c'est précisément ce mouvement existant dans chaque homme qui est son magnétisme intérieur. Le magnétisme d'un homme a ses pôles d'affinité dans son semblable; et voilà pourquoi ce magnétisme se laisse mettre en mouvement de différentes manières et par différents individus : c'est ce que nous appelons *magnétiser*, c'est-à-dire augmenter ce mouvement. C'est ainsi qu'il produit les divers spasmes intérieurs et extérieurs, et que ceux-ci peuvent être amenés à devenir remèdes. Les spasmes n'existent ou ne sont possibles que là où existe l'influence morbide, et ils ne disparaissent que quand l'équilibre parfait, le courant régulier de ce mouvement oscillatoire a été rétabli.

Et même pendant la marche de la maladie on peut voir à toute heure, à tout instant, les effets du magnétisme et de l'influence magnétique destructive; voilà pourquoi l'emploi du magnétisme doit être recommandé constamment dans toutes les méthodes curatives, et *même imposé*, par les raisons que j'ai données dans le **Magnétisme du Langage.**

Dans les divers accès spasmodiques, de même que

dans les maladies chroniques dites incurables [1], *le magnétisme est le seul moyen spécifique;* et voilà pourquoi on ne saurait trop insister pour que son emploi soit fixé par un enseignement régulier.

Mais pour ce qui est de la science vraie et profonde, elle ne peut s'acquérir, comme je l'ai déjà dit, que *pratiquement et seulement par soi-même,* par *l'expérience,* par *l'observation active,* mais jamais par l'observation *seule et inerte.* La cause en est qu'il ne suffit pas, pour produire la *fermentation* dans le mouvement oscillatoire magnétique, de regarder. Au contraire,

[1] Qui ne sait pas que le magnétisme a déjà rendu la santé à un nombre incalculable de malades? Ces quasi-résurrections, on les appelle des miracles, *ce n'est que de la science.* De même je suis convaincu que toute maladie chronique pourrait être allégée, modifiée, améliorée, guérie par le magnétisme, par un traitement magnétique continu, ou en changeant, le cas échéant, de médecin magnétiseur (la science et l'influence magnétique des magnétiseurs n'étant pas toutes semblables). La maladie dût-elle durer des années, *le mal dût-il paraître s'aggraver,* ainsi que cela arrive *habituellement,* tout cela ne serait que des symptômes, conséquence du traitement, *et per astra ad astra.* Il est vrai qu'aujourd'hui, le malade et le médecin peuvent rarement achever radicalement une cure, puisque tous deux manquent souvent des moyens nécessaires pour se maintenir dans la disposition magnétique qu'exige la guérison (surtout chez ces demi-fous hypochondriaques et hystériques dont le nombre augmente tous les jours). Oui, mais précisément parce que ces affections s'accroissent chaque jour, et parce que c'est là le *génie dominant des maladies de l'époque,* on devrait établir une clinique magnétique appropriée à de tels cas, clinique à laquelle on pourrait réunir la division des aliénés. On remarquerait alors le bon effet produit sur ces fous par le magnétisme, pour peu que l'on attachât quelques magnétiseurs à cette division.

(NOTE DE L'AUTEUR.)

les regards inutiles, curieux et maladroits, troublent et concentrent faussement cette fermentation, et alors l'observateur ne voit rien, ou bien ne saisit que des résultats faux.

Je ne puis donc rien faire de mieux, en finissant, que de répéter, en d'autres termes, le conseil que j'ai donné à la fin de mon *Catéchisme magnétique*, année 1845, à savoir :

« Que votre force magnétique vous serve toujours
« comme un compas à l'égard de votre malade ; et
« libres de préjugés, dirigez votre malade vers un but
« salutaire, c'est-à-dire vers l'expulsion du principe
« morbide, expulsion qui se fera d'elle-même, et dans
« tous les cas, aussitôt que la magnétisation aura
« produit le moindre changement de froid ou de
« chaud. Et ce phénomène se produira aussi sûre-
« ment qu'il est certain que l'acier devient aimant par
« le frottement régulier même avec un faible aimant.

« Le chemin à suivre pour arriver à la guérison
« vous est indiqué dans mes livres, qui résument
« ainsi le magnétisme.

« *La force magnétique vient de Dieu et de votre âme ;*
« *dès lors, il est possible que le magnétisme fasse des*
« *choses incroyables, car il est la force élémentaire de la*
« *nature, l'œuvre de l'esprit de l'homme créé de Dieu,*
« *l'œuvre par conséquent du tout-puissant Esprit divin*
« *lui-même.* »

RÉSUMÉ

DE LA MAGNÉTOTHÉRAPIE

ET

UN MOT SUR LA *MAGIE DÉVOILÉE*,

Ouvrage de M. le baron Dupotet.

RÉSUMÉ

DE LA MAGNÉTOTHERAPIE

ET UN MOT SUR LA *MAGIE DÉVOILÉE*.

Ouvrage de M. le baron Dupotet.

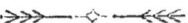

Pour répondre à l'annonce singulière que le grand maître de l'école magnétique parisienne vient de nous faire à nous, ses amis, sous le titre de *Magie dévoilée*, et où il défend aux souscripteurs de cet ouvrage de n'en rien faire connaître (recommandation au moins inutile, puisque l'auteur n'a rien *dévoilé*), je me vois obligé de donner sur la *Magie magnétique* un résumé des *idées* que j'avance, moi, dans mon *Manuel de la Magnétothérapie* qui va paraître incessamment, et de celles que j'ai déjà émises dans mes œuvres allemandes sur le magnétisme et la magie.

Il est vrai que par quelques tracés et figures magnétiques, comme le dit ce professeur de magie, certaines personnes impressionnables peuvent être amenées à l'état magnétique, et qu'elles ont enfin des visions ou qu'elles exécutent ce qu'a mentalement ordonné le magnétiseur ou magicien ; tout cela se peut et est réel, mais tout cela n'est encore qu'une *très-petite partie* de la magie. De plus, tous ces faits sont connus depuis longtemps des magnétiseurs, et l'auteur, en nous parlant de leur apparition et en nous révélant les moyens dont il s'est servi pour les obtenir, ne fait tout au plus que nous indiquer une nouvelle forme de magnétisation. Or cette forme ne peut être employée que pour un certain nombre de personnes suffisamment impressionnables ; de plus l'emploi n'en saurait être aussi généralement dangereux que le prétend l'auteur, puisque toute personne d'un magnétisme plus élevé ne sera nullement impressionnée par *elle*, et qu'aucun magnétiseur ne sera jamais effrayé par de semblables *spasmes*.

Le livre de M. le baron Dupotet devrait traiter (et il serait temps de le faire) des forces *primordiales, radicales* de la nature, pour nous les faire bien connaître. Il aurait dû parler aussi des *causes* et des *forces* qui produisent les *effets* magnétiques et magiques, effets qu'on ne peut plus nier.

Ce qu'il a oublié, je tâcherai de le faire. Autant qu'il me sera possible, je m'efforcerai de faire connaître et d'expliquer ces *forces*. Armé de ces connaissances, possédant la cause et cherchant les effets, chacun pourra alors s'essayer à trouver la *forme vraie*, au moyen de laquelle il pourra pratiquer un magnétisme *vrai* et une magie *salutaire*, si différente de cette magie obscure et inutile dont il nous est parlé.

Aujourd'hui, le somnambulisme est une vérité incontestable. Examinons-en les phénomènes dans leurs nombreuses et différentes conséquences, depuis les visionnaires jusqu'au somnambule guidé par de véritables institutions, et nous ne verrons partout que *l'action de l'esprit* sur la machine humaine.

Donc tout homme, *être spirituel*, plus il s'éloigne du crétinisme, plus il devient magnétiseur et plus il magnétise par sa présence. Plus l'homme au contraire s'abandonne aux instincts brutaux, plus il est *bestial*, et moins il est magnétiseur. Or, pour magnétiser un malade ou faire de la magie, il faut concentrer son esprit par la pensée et vouloir fortement, *et il ne faut que cela* pour qu'il s'opère (en présence ou en l'absence du sujet) dans les nerfs de celui-ci un mouvement *oscillatoire* magnétique ou magique qui forcera l'esprit de l'influencé à agir à son tour et continuellement sur ses nerfs, jusqu'à l'accomplissement du *destin* écrit par la volonté du magnétiseur. C'est donc l'idée, l'idée seule, l'idée ferme, l'idée fixée sur l'esprit par le magnétiseur qui agit dans tous les cas magnétiques et magiques. La forme est tout à fait indifférente ; elle est même plus efficace quand elle est inventée au moment précis de l'action, puisqu'alors la pensée du magnétiseur ne peut être que fortement concentrée. — Comment et pourquoi agissent le magnétisme et la magie? C'est ce que je vais dire à présent.

Observons que les phénomènes du somnambulisme, dans leur degré ou leur état le plus élevé, ne se montrent qu'à certaines époques et seulement à ces moments suprêmes, alors qu'ils sont nécessaires pour régler la marche des événements, ou modeler et guider les opinions, les croyances des siècles. C'est ainsi qu'apparurent à leur temps les prophètes Jeanne d'Arc, Cazotte, Mlle Lenormand, Swedenborg et autres de nos jours, qui tous se montrèrent ou se montrent encore dans un état de *maladie sporadique.* Cette maladie, grâce à Mesmer, sera bientôt *générale spasmodique;* mais les degrés élevés, les exceptions seront toujours rares: car ce dernier état est toujours une faveur divine et spéciale, un produit extraordinaire de la nature, un miracle de Dieu qui l'offre au monde comme germe de développement de la spiritualité, et pour empêcher que la race humaine ne s'enfonce de plus en plus dans le matérialisme, et ne s'y corrompe et s'y perde.

Les cas de spiritualisme élevé sont donc des germes, des exemples spirituels pour perfectionner les hommes. De même les grands héros ne sont que des fléaux dont Dieu se sert pour faire disparaître la partie la plus vigoureuse et la plus florissante de la population.

Tout est octroi de Dieu, envoi de Dieu, destinée !...

L'homme ne peut qu'aider ou retarder la marche de la nature, jamais la forcer, l'annihiler. Telles sont les bornes de notre spiritualité, soufle divin et mystérieux auquel Dieu, dans sa sublime intelligence, donna la mission d'éveiller et de favoriser le germe de la nature pour lui faire atteindre son plus grand développement. Don sacré de Dieu, d'où résulte pour nous l'obligation nécessaire d'employer *noblement* nos facultés spirituelles si nombreuses, et qui sont douées d'une puissance procréative universelle qui doit concourir à la fécondité du grand jardin de l'humanité. L'ensemble de nos facultés spirituelles doit agir sur le grand tout universel, comme un jardinier qui cultive courageusement le coin de terre qui lui appartient, où il crée à son gré, sans interrompre un travail dont la continuité préserve son jardin des plantes parasites qui l'auraient bientôt dévoré.

Travaillons donc de toutes nos forces à arracher du grand champ de l'humanité les plantes parasites, c'est-à-dire ces maladies chroniques qui dévorent notre race!.. Il n'est plus qu'un moyen... Une seule ressource nous reste. C'est de faire renaître par la *force vitale* elle-même (le magnétisme) ce germe de la nature déposé en son sein par ce Dieu qui nous donna le pouvoir de réveiller, de favoriser, de développer tous les germes répandus en nous et autour de nous. Mais comment?... Le comment est très-facile quand on le connaît; la vraie difficulté pour l'homme est de savoir comment il doit agir. A peine le sait-il, que déjà la chose est faite... De même l'on ne parviendrait jamais à marcher si l'on ne savait qu'il faut poser les pieds l'un devant l'autre, et aller ainsi modérément et toujours pour éviter les occasions de tomber et pour arriver au but.

Oui, c'est là le reproche sanglant que l'humanité entière peut et doit jeter à la face de la science. C'est que depuis qu'elle est à sa tête, elle n'a pas su encore apprendre au monde que tout homme possédait en lui une spiritualité magnétique. Et cette profonde ignorance où est l'humanité, qui n'en soupçonne même pas l'existence dans chacun de ses membres, ce bandeau que lui mit sur les yeux celle qui devait l'éclairer, rendent inutile, paralysent ce germe divin, aussi nécessaire pourtant au développement de la race humaine que la chaleur du soleil peut l'être pour les plantes. Cette spiritualité, c'est la force la plus élevée, la plus puissante qui existe en nous; c'est avec raison qu'elle peut porter le nom de *magnétisme*, puisqu'elle aimante et vivifie tout ce qui nous entoure.— Qu'est-ce donc en réalité que le magnétisme? C'est le mouvement qui se trouve dans toute la nature et dans chaque corps vivant. C'est ce même mouvement que nous retrouvons dans la boussole, c'est encore lui qui nous apparaît dans le télégraphe électrique.

Mais d'où vient cette force, et qui la fait mouvoir?...

—Elle vient, comme je l'ai déjà dit et il y a longtemps dans mes œuvres, elle vient de Dieu et de notre croyance en lui. Le sentiment de foi à cette force spirituelle, qui se connaissant vivifie tout, ce sentiment, dis-je, fait en nous la force vivifiante active. Et c'est de là qu'il suit logiquement et forcément alors que cette religion n'est plus seulement *une foi*, mais une *science*. Savoir l'existence d'une force universelle magique, c'est *savoir* la *présence* d'une influence continuelle sur l'existence de chaque individu en particulier, et celle du monde entier en général. Cette religion, ce savoir *est ce qui nous donne la force magnétique.* C'est pour cela que celui-là seulement qui *croit* à cette force magnétique, qui la *connaît*, qui *est certain* de l'existence de cette force spirituelle qui meut la nature entière ; que celui-là qui, de plus, accepte généreusement la mission qui lui est imposée d'aider à cette grande spiritualité de la nature elle-même dans toutes ces fonctions et opérations ; que celui-là qui admet la volonté de Dieu et s'y soumet sans se laisser troubler par la vue des événements qui tendent à arrêter ou à troubler l'état de fermentation dans lequel se trouve continuellement le développement de la spiritualité humaine, que cet homme seulement, dis-je, *sera un bon, un vrai magnétiseur et magicien.* Cette croyance au développement de la spiritualité de la nature et à l'influence de la spiritualité de Dieu, élevée en soi-même à l'état de science et renfermée soigneusement dans son cœur, est la première condition pour être magnétiseur. Ainsi donc tant qu'on ne croit pas fermement, n'aurait-on qu'un seul doute, la force peut se développer, *mais elle n'agira pas*. La conviction, la foi, le *savoir* vivifient seuls en nous cette force spirituelle et lui communiquent sa puissance sur la nature. Alors seulement, quand on en est arrivé là, chaque regard magnétique, chaque geste, chaque opération magique signifie, exprime une *action très-visible* agissant immédiatement sur les sujets dits impressionnables, plus lentement sur ceux dits non impressionnables, puisque souvent le résultat arrive longtemps après ou quelquefois même lorsque la volonté a été exprimée.

Cette croyance est donc la force primordiale du magnétisme et de la magie. C'est elle qui la rend active, comme le doute, le refus de croire la rendent inactive et impuissante. De même aussi la foi absolue, aveugle, produit la faculté de provoquer des événements extraordinaires. C'est ainsi qu'on peut expliquer l'influence puissante et continue de la bénédiction et de la malédiction; et cette e plication est d'autant plus simple et plus facile à accepter que l'on sait mieux que les cordes nerveuses de tout individu se trouvent en accord ou en désaccord entr'elles par la seule influence magnétique d'autrui, c'est-à-dire que l'âme du premier doit agir, provoquer même en elle des maladies, etc., selon la volonté de l'esprit plus élevé d'un autre, qui a le droit, par exemple, de bénir ou de maudire.

La nature n'est que la pensée de Dieu, le germe de développement des êtres, tendant à la perfection humaine la plus élevée. Ceci admis, il est facile de comprendre que l'unique pensée, le seul besoin de la race humaine doit être son propre développement, sa perfection, son bien-être, jusqu'à cette perfection divine, entière; et que cela ne peut arriver que par *l'humanité comprise,* APPLIQUÉE.

Le germe de la spiritualité déposé dans la nature est comme le gland dans la terre. Il est destiné à produire un arbre puissant et gigantesque; et la génération qui suit doit soigner et cultiver ce qu'a planté la génération précédente.

Que la semence soit jetée en bonne ou mauvaise terre, que la culture soit intelligente ou inepte, voilà ce qui nous regarde, voilà ce qui est à notre charge, et encore seulement jusqu'à un certain point. Car l'œil de la Providence plane au-dessus de toutes choses. Dieu veille, et quand les temps sont prêts, alors apparaît ici-bas un de ces envoyés que le Très-Haut fait marcher devant la terre comme un exemple vivant de la force magique primitive; et il lui donne pour mission de remettre dans la voie véritable toutes ces petites spiritualités qui se meuvent à la surface du globe (les hommes).

Le magnétisme, voilà le fil d'Ariane, qui, seul, peut guider le monde médical, théologien, philosophique et politique, pour les aider à sortir du labyrinthe de leurs fausses doctrines. C'est le soleil qui dissipera toutes les fausses idées qu'ils ont amoncelées comme des nuages à l'horizon des sciences, et qui font les désordres du monde et sa ruine, au lieu d'y produire, selon le désir de Dieu, le développement harmonieux et céleste.

Tous les événements, dans la nature comme dans la société, dépendent d'une cause, d'un procédé magico-magnétique, provenant des individus qui se meuvent à la surface du globe. Ce *procédé spirituel* devient épidémique dans les maladies spirituelles, ainsi que nous le démontrent, depuis l'antiquité la plus reculée jusqu'à nos jours, les exemples de contagion dans les maladies magnétiques des sectes religieuses anciennes et nouvelles, jusqu'aux sectaires du cimetière de Saint-Médard et à ceux du somnambulisme actuel. Il ne l'est pas moins dans les maladies électriques, telles que : le choléra, la peste, le typhus, etc.

C'est toujours et partout l'histoire du triomphe du *bon* ou du *mauvais principe*, qui n'est pas autre, quoi qu'on en puisse dire, que *l'activité de l'intelligence* ou *son sommeil.* Car la preuve qu'il n'y a ni diable, ni enfer, c'est qu'il n'y a qu'un Dieu [1]. Du moins telle est ma croyance.

En un mot, c'est toujours l'élévation de l'esprit humain qui agit plus ou moins magico-télégraphiquement sur la nature comme sur l'esprit des hommes, alors que ceux-ci sont plus ou moins éveillés spirituellement. Les signes, les effets peuvent donc varier selon les circonstances et ceux en qui ils apparaissent, mais la cause est toujours la même. Ce levier qui soulève le monde est toujours le même, puissant, saint, venant de Dieu !... C'est l'émotion pieuse et recueillie du sentiment de la spiritualité religieuse de l'homme, émotion qui agit avec plus ou moins de perfection instinctive dans les événements journaliers et extraordinaires, sur les relations sociales, par le regard, la parole, les exclamations et les actions. Dans le monde, tout est magico-magnétique. Mais cette vérité, par un usage universel, est tombée dans l'oubli; l'homme n'y fait plus attention, et les faits passent devant lui, inaperçus et sans signification. Aujourd'hui, il n'y a plus que le merveilleux, le prodige, produit d'une communication de pensées magnétiques, qui a le privilége de tirer l'homme de cette cécité volontaire, de cette indif-

---

[1] En vérité, je ne vois pas qu'il y ait une obligation religieuse à croire au diable.

férence léthargique.—Concluons : C'est donc la pensée, l'attention, le vouloir d'un être spirituel qui va exciter le germe divin déposé en cet être. Ce germe alors singulièrement affecté, ému, s'agite et se tranforme en pensées, en paroles, en actions, jusqu'à l'entier accomplissement du désir ressenti.

Les différentes manières, la *forme* à employer pour exciter ce germe jusqu'à l'accomplissement du désir, peuvent être différentes selon les circonstances et les habitudes, mais le principe est toujours le même, c'est toujours le *spiritualisme*. On agit spirituellement alors même que l'on ne croit faire que des actes purement matériels ou actes magnétiques, ou que seulement on parle. Chaque parole, chaque signe, bien plus, chaque idée est un acte magique qui ne peut se perdre et dont l'influence ne saurait être nulle. *Telle est la croyance magnétique.* Si tous les hommes agissaient dans cette communauté de foi, alors on verrait bientôt une toute autre transformation de la terre et de ses habitants, changement produit par le développement continu des meilleures facultés magico-magnétiques des hommes, qui ne songeraient plus ainsi qu'à se soulager mutuellement.

De même que le jardinier influe sur chacune de ses plantes, qu'il en féconde le sol et fait concourir les éléments et le soleil lui-même à la réussite de son travail de chaque jour, ainsi chaque homme spirituel, par sa foi, ses pensées, ses sentiments, devrait observer ce qui se passe, et aider par le concours de sa présence ou de ses vœux à tout ce que découvre son œil magnétique, puisque, comme nous l'avons dit, chaque désir, chaque vœu formé et prononcé seulement en esprit influe sur l'esprit des autres. Étonnez-vous maintenant des calamités de ce bas-monde, quand à tout instant des milliers de vœux sortent ardents et sincères des poitrines haletantes de tant de malheureux!...

Résumons-nous, et disons...: Ou il n'y a pas d'action spirituelle, ou il y en a une. Mais si elle existe, cette action n'est donc point du tout aussi *inactive* que veut nous le faire croire un monde superficiel.—Et voilà le magnétisme et la magie dévoilée!...

SZAPARY.

OPINION DU COMTE SZAPARY

SUR LE MAGNÉTISME

Tel qu'il est professé à Paris.

> Multos esse medicos famâ ac nomine,
> re et opere paucos.
> HIPPOCRATE.

A Paris, le magnétisme est dans un état encore *plus* que *primitif*. Je dis primitif, parce que depuis l'époque de l'inappréciable découverte de ce précieux fluide dans la race humaine, depuis notre célèbre Mesmer, non-seulement le magnétisme n'a point fait un pas en avant, mais au contraire il a *reculé*. Je dis qu'il a reculé, car l'unique système de Mesmer était : *Produire des spasmes chez les malades et les guérir par ces spasmes*. Or, au lieu de suivre la *route tracée* par la découverte, et d'envisager, d'approfondir la nature, les effets, les règles et la fin des spasmes, on ne s'en occupe plus du tout ; mais on suit uniquement la découverte du marquis de Puységur : Le *somnambulisme* et ses phénomènes, lesquels, à dire vrai, offrent bien des merveilles, tant au physique qu'au moral.

Mais, quoi qu'il en soit, ce travail reste toujours, et seulement, expérience physique, uniquement *expérience*; et, de cette manière, le magnétisme ne deviendra jamais *science*, jamais *spiritualisme*, en un mot, jamais physiologie, jamais non plus *psychologie* du magnétisme, tant nécessaire pour la thérapeutique magnétique.

Et voici la différence entre les magnétiseurs actuels de Paris et les médecins magnétopathes que j'ai formés depuis 1840 dans mes cliniques d'Allemagne, et dans ma patrie, à Pesth, en Hongrie.

Pour moi, j'enseigne le traitement magnétique : la maladie envisagée selon un *diagnostic magnétique* est une *désharmonie*, c'est-à-dire un *relâchement* ou *irritation* des nerfs individuels des organes, et cela surtout selon des lois physiologiques et psychologiques, et leurs effets sur les nerfs spéciaux de chaque fonction volontaire ou involontaire, gênée ou trop développée dans l'organisme de l'individu malade. Cette manière d'*envisager les maladies*, notre explication de leur développement, de leurs *sources primitives*, comme de leur *résolution*, c'est-à-dire *guérison*, n'est point du tout conforme à la science thérapeutique, allopathique, homœopathique, hydropathique ; c'est le *mesmérisme développé*. Et c'est pourquoi nous ne pouvous nous entendre avec les médecins anciens et modernes, pas même avec les magnétiseurs d'aujourd'hui, qui emploient le magnétisme uniquement comme *somnifère* et même bien souvent sans rimes et sans raison, c'est-à-dire sans se rendre un compte exact des effets de cette puissance.

Ils font, en un mot, un acte physique et magique, sans savoir même comment et pourquoi ; et, s'ils veulent en expliquer les phénomènes, ils n'arrivent qu'à en donner une explication puérile, et, je l'ai déjà dit, primitive.

Mais au moins ont-ils fait preuve d'un zèle vrai, louable, et c'est ce qui m'engage à leur parler et ce qui me fait espérer pour le magnétisme. Qu'on établisse des cliniques magnétiques, et la science et l'expérience leur démontreront alors et toujours la vérité de mes paroles.

Nous sommes les fidèles écoliers de Mesmer, et nous n'avons avancé dans cette science qu'après avoir approfondi *la connaissance de la nature des différents spasmes*, et après les avoir employés pour guérir des maladies de toutes sortes, et cela, par différents procédés et règles justifiés par des principes, par un système, par la connaissance certaine des suites des événements de toute nature, en un mot, par cette nouvelle science, la *magnétothérapie*.

A Paris, comment se sert-on du magnétisme ? Comment emploie-t-on le somnambulisme? — On magnétise principalement les personnes bien portantes pour essayer leur sensibilité, et leur prouver à elles et à d'autres l'immense force du magnétisme. On leur cause ainsi des maladies spasmodiques, cataleptiques, épileptiques, soporifiques, apoplectiques, des comas, etc. Le public en est effrayé, et ils ne peuvent le tranquilliser qu'en lui réitérant, à chaque fois, que ces excès sont sans aucune conséquence nuisible. Et pourtant les spasmes se répètent souvent plus tard par la disposition de la nature provoquée; et les malades et les magnétiseurs sont alors dans l'embarras, ceux-ci surtout, avec leur peu de connaissance des spasmes et du magnétisme. *Je parle d'après l'expérience.*

Avec ce peu de science du magnétisme, ils peuvent, ces petits magnétiseurs, guérir par-ci par-là, comme une poule aveugle peut parfois trouver un grain de blé; mais pour nous, qui, depuis vingt ans, l'employons uniquement comme moyen de guérison, leur manière trop simple est vraiment ridicule, et nous leur conseillons d'étudier à fond cette science magique et d'y avancer en suivant une voie grande et large.

Le genre de progrès dans lequel le magnétisme avance de nos jours nous démontre la manière insuffisante dont les magnétiseurs utilisent leurs somnambules, et comment ils s'intéressent à leur état quelquefois pourtant si haut et si bon, tel qu'il se rencontre chez Alexis, Dumez, Prudence, et chez les sibylles modernes Maugruel, Le jeune, Roger, et tant d'autres dont les facultés me sont moins connues.

D'ailleurs les différentes sociétés magnétiques en général, et leurs membres en particulier, estiment-ils le somnambule? Le guident-ils dans ses facultés spirituelles? Ont-ils ou appellent ils l'attention sur son état? —Tout au contraire, ils le troublent ou le délaissent, le tourmentent par leurs critiques orgueilleuses, passionnées et nullement scientifiques, nuisent par leur indifférence ou leur malveillance à sa position tranquille, et dénaturent par cela même l'élévation de ses facultés, élévation créée pour le bonheur de l'humanité et pour le progrès de la science. Loin d'encourager le somnambule, on le ridiculise, on le flétrit; enfin on ne sait pas le guider dans cette tâche si difficile de travailler pour l'humanité !...

En un mot, et en observateur et en appréciateur de toute vérité, je dois dire qu'à Paris on exerce le magnétisme d'une manière trop superficielle, et par là même *insuffisante*. De plus, et généralement, on le considère trop comme un jeu, un amusement, une curiosité, un métier. On le fait pour ainsi dire en laboureur se fatiguant et s'essoufflant à labourer son champ pour en tirer gros bénéfice... Ainsi travaille-t-on le magnétisme. Exploitation de part et d'autre... On ne l'envisage pas du tout comme art, comme science; avec bienveillance, estime; en artiste, en contemplateur de ses hautes facultés et de sa destinée, qui est de servir au grand usage de l'humanité tout entière, sur le globe tout entier.

C'est la France, avec sa force spirituelle, avec sa franchise cordiale, avec son amour pour l'humanité, qui devrait franchir ces bornes de l'obscurantisme, en restant fidèle à sa *devise* précieuse : *Rien sans le travail,* travail solide, travail calme, travail fertile, travail continuel au milieu des difficultés entassées par des ignorants de toutes sortes qui ne savent pas l'immense danger que court l'humanité !...

Les sciences, les Facultés, le gouvernement qui devrait les surveiller, qu'ont-ils fait pour acquérir cette science, pour l'encourager, pour s'instruire?... Après de longs retards, ne pouvant plus l'éviter, la science a enfin offert un prix assez médiocre, pourquoi faire?... Pour obtenir d'ici cinq ans, un livre de plus qui leur dira... ce qu'on a toujours su, c'est-à-dire que le magnétisme existe, qu'il est nécessaire de l'appliquer et qu'il doit être étudié dans les cliniques. Pourquoi n'avoir pas commencé, comme moi, par *établir* une clinique, et n'avoir pas engagé les premières capacités connues à Paris et en France à essayer, à systématiser et à enseigner cette science si importante ?

Et leurs journaux et leurs feuilletons, que font-ils du magnétisme?—Excepté le *Journal du magnétisme* du baron Dupotet, qu'on ne peut assez louer de son exactitude à rapporter tout ce qui a trait au magnétisme tant en Europe que dans les pays transatlantiques, quoiqu'il ne donne aucune explication scientifique et technique de ces faits, à part ce journal, les autres se contredisent presque toujours et mystifient le public.

Voyons la *Revue des Deux-Mondes*, t. xiv, p. 1106-1110.—Elle vérifie d'un côté les faits remarquables, extraordinaires et incompréhensibles pour notre science et pour notre époque, et partant très-intéressants pour la science comme pour tout le monde, c'est-à-dire les excès pleinement et indubitablement avérés des convulsionnaires de Saint-Médard, faits incroyables et pourtant vrais; elle les vérifie, dis-je, et pourtant l'article blâme les observateurs, et les accuse d'une exaltation enthousiaste et exagérée devant ces faits; comme s'il était possible d'avoir un enthousiasme trop exagéré en découvrant une force et une puissance si nouvelles chez l'homme et si excellentes pour la race humaine. L'article leur reproche encore d'ajouter foi aux rapports de Mesmer et de Cagliostro.

Quelle contradiction !... Après la vérification des faits extraordinaires accomplis dans le cimetière de Saint-Médard, la *Revue* vient reprocher aux observateurs d'avoir créance en ceux que rapportent Mesmer et Cagliostro, ainsi qu'en leur science, laquelle, jusqu'à ce jour, est l'unique qui puisse donner l'explication de ces phénomènes. Cet article contradictoire de la *Revue des Deux-Mondes,* bien loin de blâmer et cette science et ses adeptes, aurait dû bien plutôt la louer, elle et ceux qui s'en occupent.

Lisons de plus le feuilleton de la *Presse* du 4 août 1852, signé par le célèbre Alexandre Dumas et extrait de ses mémoires. Cet écrivain, qui s'est beaucoup occupé de magnétisme, et qui en ce genre a une profonde expérience pratique, par quel jugement faux et contradictoire termine-t-il son article, qui du reste et pour cela même est très-intéressant? Après avoir donné des preuves de l'application salutaire et bienfaisante du magnétisme, plus, des facultés remarquables développées par le magnétisme chez une petite fille, ce grand auteur conclut : « *Je doute qu'à l'aide du magné-*
« *tisme, un honnête homme puisse faire le moindre*
« *bien.* »

Heureusement pour l'illustre romancier, cette phrase contradictoire est tant soit peu justifiée par les lignes finales qui suivent, et ce dont je suis convaincu moi-même par rapport à la France : « *Le magnétisme est un*
« *amusement, mais il n'est pas encore une science.* »
Oh! que ne m'est-il donné de posséder la plume du noble auteur d'Antony, de m'en servir comme d'une cravache pour châtier tous ces propagateurs de *commérages politiques et de salons* qui s'étalent dans les journaux, commérages que l'on nous donne comme le

produit, le but du magnétisme, et de m'en servir aussi pour faire avancer selon *ses vœux* et mon désir la vraie science humanitaire, le magnétisme !...

Je ne demande pas excuse pour mes dernières paroles. *Ce conseil bon et franc* d'un homme d'expérience ne saurait être une inconvenance envers les hommes les plus capables et les plus illustres de la France.

Szapary.

> Quoi ! vous êtes maîtres en Israël, et vous ignorez ces choses !
>
> (*Paroles de* Jésus-Christ.)

Un médecin de la Faculté de Paris, à qui ce livre a été communiqué, nous a fait parvenir quelques observations critiques, très-convenablement présentées. Nous aurions voulu pouvoir y répondre, en considération de la forme parfaite de ces observations. Mais l'estimable critique, et, en général, tous les médecins sont si étrangers à la vraie doctrine du magnétisme, qu'il est absolument impossible de discuter avec aucun d'eux. Toutefois, cette circonstance nous oblige d'ajouter un dernier mot à cette œuvre pour le public, dans l'intérêt de qui seul nous l'avons écrite.

<

J'enseigne le mode de guérison de toutes les maladies nerveuses et chroniques qui, jusqu'à ce jour encore, sont l'écueil et l'effroi de la médecine ; j'ajoute hardiment que je les guéris toutes. Telles sont : les gouttes nerveuses, la chorée, les spasmes de toutes natures, les contractions des membres, maladies que les médecins, je le répète, ne peuvent pas guérir. J'ai bien le droit, il me semble, de me poser en régénérateur, en réparateur, selon l'expression de l'honorable critique. Ce serait, de ma part, une faiblesse, une lâcheté, que de descendre jusqu'à demander à mes adversaires l'explication des maladies, et d'appeler, pour faire plaisir à une science orgueilleuse et ignorante, d'appeler bonheur et hasard le succès constant de mes guérisons. J'ai vu les médecins à l'œuvre, je les ai vus près du lit des malades, cherchant en vain à me dérober leur ignorance, leur impuissance sous les dehors transparents d'un docte et vain verbiage. Je les ai entendus, ayant inutilement tout essayé, ne sachant plus que faire, s'avouer vaincus, et me remettre alors entre les mains ce cadavre, leur ouvrage, en me disant ironiquement d'essayer à mon tour. J'essayais, et Dieu guérissait !... *Ma méthode ne m'a point encore fait défaut.*

J'ai guéri mille affections du genre de celles que la médecine nomme incurables ; quant à elle, elle n'a encore guéri aucun des cas que j'ai regardés comme tels. Or, ceci est un fait qui se renouvelle depuis vingt-cinq ans ; de là, dans ces pages, le juste orgueil de ma doctrine, orgueil qui m'est reproché par quelques-uns.

Entre mon système et la méthode curative diplômée, il y a tout un monde. Dans toutes les maladies nommées plus haut, la médecine est impuissante et ne sait que nous laisser souffrir et mourir ; ma méthode, au contraire, soutient et guérit.

En deux mots, ma physiologie se réduit à ceci : C'est que tout homme n'est qu'une machine électro-magnétique; l'électricité coule dans le sang, le magnétisme dans les nerfs (c'est le fluide nerveux reconnu par les médecins). Toutes les fonctions du corps et de l'âme s'opèrent par le magnétisme, toutes les désorganisations par l'électricité. — Si ce n'est qu'une théorie, du moins par elle je suis arrivé à me rendre compte rationnellement de tous les phénomènes qui se manifestent dans l'homme; et par son secours, et grâce à cette manière d'envisager l'homme et les maladies, je guéris, quand la médecine est impuissante. Si, par complaisance ou par tout autre motif, je renonçais à ma théorie du fluide magnétique dans les nerfs et celle des courants électriques dans le sang et les organes, alors je ne pourrais plus m'expliquer le mécanisme des fonctions de la machine humaine et ses désordres. — Ma physiologie est simple et naturelle, tandis que la physiologie médicale, de la hauteur scientifique où elle s'est péniblement élevée, a peine à voir ce qui se passe ici-bas; et dans l'homme, toutes les maladies nerveuses, spasmodiques et somnambuliques lui apparaissent comme des phénomènes inexplicables et partant incurables.

Faut-il relever ici une contradiction palpable, une insigne mauvaise foi ? L'importance du magnétisme, sa puissance, ses *miracles* curatifs, tout cela est forcément admis par la science, et c'est précisément la science qui le méprise, qui le déteste, qui le repousse avec le sarcasme et l'injure. Puisque la science en agit ainsi, c'est donc à toi, pauvre humanité, éternelle victime, c'est donc à toi de secouer ta torpeur, d'accepter ce que la science te refuse, de te guérir malgré elle. Que ceux qui ont confiance se soignent entre eux. Vivons et fortifions-nous entre nous et par nous. Que la science nous traite d'ignorants, que nous importe, si nous savons nous guérir ! Et pour le mépris, le ridicule, les insultes qu'elle déverse si gratuitement sur le magnétisme, nous lui renverrons les guérisons de ses incurables. Que les médecins continuent à s'encenser mutuellement, qu'ils se réservent titres et honneurs, pour nous, nous ne voulons qu'une chose : nous défendre d'eux, c'est-à-dire *nous guérir* nous-mêmes et entre nous.

Je ne dis plus qu'un mot : si dans mon livre quelque hypothèse vous paraît hasardée, si une proposition vous semble mériter le nom d'utopie, attendez, ne vous prononcez pas trop vite ; étudiez, travaillez, et les preuves se montreront en foule. Il y a dans cet ouvrage ce qu'il faut pour vous expliquer rationnellement des phénomènes inexplicables jusqu'à ce jour. Enfin vous y trouverez les moyens de guérir des maux déclarés incurables jusqu'ici par la science ; cela suffit à tout homme consciencieux et charitable. SZAPARY.

FIN.

TABLE DES MATIÈRES

Au Lecteur.................................... 5
Avant-Propos................................. 9

PREMIÈRE PARTIE.

Manuel de la Magnétothérapie. Instruction........ 13
Introduction................................. 21
Avertissement................................ 27
Magnétothérapie.............................. 33

I

THÉORIE SUR LE MAGNÉTISME.

Chapitre I. Du Magnétisme en général.......... 37
    § 1er. Aperçu principal du Magnétisme.   37
    § 2e. Santé, Maladie, guérison, envisagées dans leur généralité.   39
Chapitre II. Suite du Magnétisme en général..... 42
Chapitre III. De l'homme en général considéré au point de vue Magnétique.......... 46
    § 1er. La nature de l'homme en général.   46
    § 2e. Des différentes parties du corps considérées à l'état magnétique.   48

CHAPITRE IV. Du Sang, de l'Électricité............ 52
CHAPITRE V. Soleil, Lune, Terre................ 54
 § 1ᵉʳ. Soleil, Lune.   54
 § 2ᵉ. Terre.   56

II

PRATIQUE GÉNÉRALE.

CHAPITRE VI. La Magnétothérapie................ 59
 § 1ᵉʳ. Personnalité du Magnétiseur.   59
 § 2ᵉ. Le Magnétiseur au lit du malade.   63
CHAPITRE VII. Symptômatique.................... 68
 § 1ᵉʳ. Des symptômes en général et des principales divisions des maladies.   68
 § 2ᵉ. Maladies survenant à la suite de l'interruption du courant magnétique.   71
 § 3ᵉ. Symptôme de la Maladie du sang.   75
CHAPITRE VIII. Des règles en général pour le traitement des maladies................ 76
 § 1ᵉʳ. Ce qu'il faut observer dans chaque Maladie. 76
 § 2ᵉ. Etude des Passes.   79
 § 3ᵉ. Suite.   84
 § 4ᵉ. Du Malade.   89
CHAPITRE IX. Médicaments magnétiques............ 91
 § 1ᵉʳ. Des Remèdes Magnétiques.   91
 § 2ᵉ. Plantes médicinales magnétiques.   94
 § 3ᵉ. De l'Eau.   94
CHAPITRE X. Résultat du Traitement............. 97
 § 1ᵉʳ. Des Crises.   97
 § 2ᵉ. (Suite.)   99

III

DES SPASMES.

CHAPITRE XI. Des Spasmes en général........... 103
 § 1ᵉʳ. Origine des Spasmes.   103
 § 2ᵉ. Spasmes nerveux et sanguins comparés les uns aux autres.   107

CHAPITRE XII. Jugement sur les maladies des Spasmes. 109
§ 1ᵉʳ. Remarques générales pour le magnétiseur. 109
§ 2ᵉ. Du traitement des Spasmes. 110

IV

DU SOMNAMBULISME.

CHAPITRE XIII. Du Somnambulisme en général...... 113
§ 1ᵉʳ. Théorie principale. 113
§ 2ᵉ. De l'élévation d'esprit des somnambules. 117
CHAPITRE XIV. Du Somnambulisme dans ses différents états........................ 121
§ 1ᵉʳ. Du Somnambulisme du cerveau et de celui du cœur. 121
§ 2ᵉ. Des différentes espèces de sommeil magnétique. 123
§ 3ᵉ. Du Rêve, du Somnambulisme naturel et du Noctambulisme. 126
§ 4ᵉ. Des révélations somnambuliques. 130
CHAPITRE XV. Le Magnétiseur avec les Somnambules. 133
§ 1ᵉʳ. Instruction générale pour le Magnétiseur. 133
§ 2ᵉ. De son influence extérieure. 139
§ 3ᵉ. De la marche qu'il doit suivre pendant le Sommeil magnétique. 144
§ 4ᵉ. De ses relations avec les somnambules. 147
§ 5ᵉ. Des spasmes de visions. 151

A—Spasmes qui apparaissent à chaque indisposition. 161
B—Spasmes qui apparaissent seulement dans les affections nerveuses. *id.*
C—Spasmes qui apparaissent chez les personnes magnétiques et chez les somnambules. 164
1° Spasmes internes. *id.*
2° Spasmes externes. 165

APPENDICE.

Toilette *magnétique*, c'est-à-dire, du Magnétiseur et du Magnétisé....................... 169

DEUXIÈME PARTIE.

I.	Psychopathie (médecine psychique)............	171
	Prolégomènes..................................	176
	Conclusion....................................	215
II.	Magnétisme du Langage (extraits de mon Auto-Critique).......................................	225
	Théorie du Magnétisme.........................	225
	Conclusion....................................	267
	Résumé de la Magnétothérapie, et un Mot sur la *Magie dévoilée*, ouvrage du baron Dupotet.	271
	Opinion du comte Szapary sur le Magnétisme tel qu'il est professé à Paris....................	287

FIN DE LA TABLE.

Paris.—Imprimerie BONAVENTURE et DUCESSOIS, 55, quai des Augustins.

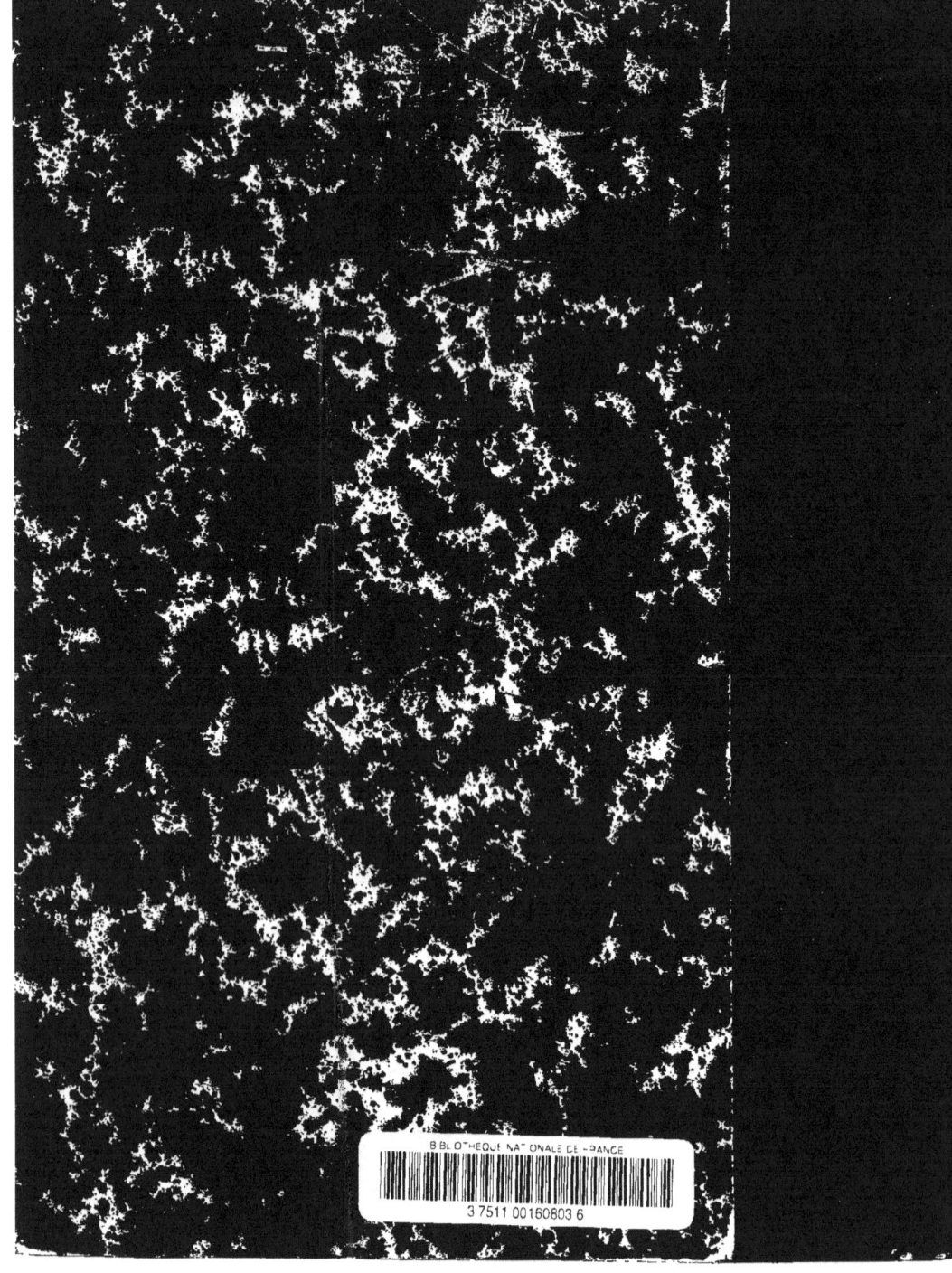

www.ingramcontent.com/pod-product-compliance
Lightning Source LLC
Chambersburg PA
CBHW071338150426
43191CB00007B/773